Thomas Gsella
Personenkontrolle
Leute von heute in lichten Gedichten

Mit Bildern von
Hilke Raddatz

Verlag Antje Kunstmann

INHALT

Vorwort

Die polizeiliche Personenkontrolle dient dem Interesse der Herrschenden. Sie vergleicht Name und Anschrift kleiner Leute mit staatlichen Datensätzen und überpüft Berechtigungen: Darf dieser Mensch Auto fahren? Besitzt er eine Aufenthaltserlaubnis? Darf er sich außerhalb von Gefängnissen bewegen?

Die reimlyrische Personenkontrolle dient dem Interesse der Beherrschten. Sie vergleicht Äußerungen und Taten großer Leute mit den Werten des humanistischen Abendlands und überprüft Berechtigungen: Darf dieser Mensch Polizeichef sein? Aufsichtsratsvorsitzender? Schlagerqueen? Gesundheitsminister? Besitzt er die moralischen und intellektuellen Voraussetzungen? Darf er sich außerhalb von Gefängnissen bewegen? Macht er seine, unsere Sache sogar gut und hat ein Lob verdient?

Eine solche Personenkontrolle unternehme ich seit dem Frühjahr 2013 für die Humorseite des »Stern«. An Sujets ist naturgemäß kein Mangel. Im öffentlichen Leben wimmelt es vor Leuten mit öffentlichen Aufgaben und öffentlicher Wirksamkeit, und nur wenigen dieser Leute sind diese Attribute unlieb. Die allermeisten genießen es, denn sie wähnen sich durchaus geeignet, als öffentliche Führungspersönlichkeiten zu agieren: als Wort- und Meinungsführer, als vorbildliche Kenner und Könner in Politik, Wirtschaft, Musik, Kunst, Unterhaltungsindustrie, Sport usw. Sie suchen die Öffentlichkeit, weil sie gesehen, gehört und gelesen werden möchten, und es gelingt ihnen: Sie fallen auf.

Wenn auch nicht immer angenehm. Die Brüder Lautstärke und Wirkungsgrad sind nicht zwangsläufig verwandt mit den Schwestern Qualifikation und Integrität, und zuweilen haben sie kein einziges Gen gemeinsam. Schuld hat, was sonst, das System. Machthunger, Gier, Eitelkeit, Unaufrichtigkeit, Schamlosigkeit, Hang zur Vorteilsnahme, Selbstüberschätzung, Dummheit, Grausamkeit und ähnlich dunkle Charakterzüge werden vom dummen und grausamen Kapitalismus nicht bestraft, sondern belohnt, und darum lassen sich auch kleine Leute gern von ihnen befallen. Verheerende Wirkung entfalten sie aber nur bei höheren und hohen Tieren. Eine machthungrige Busfahrerin, die das Insektensterben leugnet, vermag es kaum zu beschleunigen; ein schamloser Agrarminister schon. Manche der hier Kontrollierten sind aber weder gut noch schlecht, sondern einfach nur wunderlich. Immerhin das. Rennfahrer zum Beispiel.

Mir erschien einleuchtend, die Gedichte im Buch

nicht nach Berufsgruppen oder psychogenen / kriminellen Härtegraden, sondern zeitlich zu ordnen; ihre Folge entspricht also der ihrer Entstehung. Bei vielen Gedichten erinnert ein kurzer Hinweis an ihren Anlass. So mag man das Buch auch lesen als lyrische Chronik der vergangenen sechs Jahre.

Noch viel einleuchtender war es, die große Hamburger Zeichnerin Hilke Raddatz um Karikaturen zu bitten. Seit Jahrzehnten illustriert sie die »Briefe an die Leser« der Satirezeitschrift »Titanic«, nun kommt ihre virtuose Treffsicherheit auch diesem Buch zugute – wie schön!

Der im »Stern« zur Verfügung stehende Platz bestimmt die Länge der Verse und Gedichte: Drei kurzzeilige Strophen dürfen und müssen es sein, nicht mehr und nicht weniger. Dem allein ist die Gleichförmigkeit der allermeisten für dieses Buch ausgewählten Gedichte geschuldet; möge sie damit entschuldigt sein! Und wie alle Gedichtsammlungen sollte man ja auch diese nicht in einem Rutsch lesen, sondern schön langsam ein Gedicht nach dem andern, ohne Druck und ohne Eile, dafür mit reichlichen Pausen und überhaupt jener würdigen Ruhe, welche die Gedichte und Zeichnungen ausstrahlen und verdienen, hugh.

Aschaffenburg, im März 2019
Thomas Gsella

Gott

Und wieder säuft die Erde Blut,
Und Gott lässt sie gewähren.
Und wieder findet's keiner gut,
Und einer kann's erklären:

Gott nutzt ein retro Opernglas
Und guckt und guckt, doch wahrlich:
Scharf ist sein Blick nur bis zum Mars.
Die Menschheit sieht er gar nich'.

Er sieht nur Knall und Rauch und Brand
Und Gift in Meer und Äther
Und denkt: »Planet im Urzustand,
Da lebt noch nix. Bis später!«

Personenkontrolle 2013

Im Mai stoppt der Verteidigungsminister ein
Drohnenprojekt der Bundeswehr, das bis dahin
rund 700 Millionen Euro verschleudert hat, und
wird für diese Schwächung der deutschen Armee
scharf kritisiert.

Thomas de Maizière

Viel Millionen fraß die Drohne
Aus dem Topf der Bundeswehr,
Doch die Bundeswehr bleibt ohne.
Danke, Thomas de Maizière!

Drohnen, Böller, SUVs, Raketen
Und was sonst zum Morden neigt:
Lasst uns hoffen oder beten,
Dass der Mann auch sie vergeigt!

Denn wenn Kriegsherrn Frieden schaffen,
Dürfen sie *vor Stolz* erröten:
Nur mit nicht gebauten Waffen
Kann man keine Menschen töten.

Marietta Slomka

Die Sprecherin hält uns auf Trab
Als mutige Erscheinung:
Sie liest nicht nur die Nachricht ab,
Sie geigt uns auch die Meinung.

Sie schlägt die Stirn kraft hehrer Wut
In Falten und Gekröse.
Das soll uns sagen: Gut ist gut,
Hingegen schlecht das Böse.

So quält sie den, der selber denkt,
Und imponiert uns Dophen:
Sie ist mit Preisen reich beschenkt
Und nun auch mit drei Strophen.

Im Juni verliert der Präsident des FC Bayern
München wegen zigmillionenschwerer Steuerhin-
terziehung seinen Posten, kommt ins Gefängnis
und aber ruckzuck wieder raus. Seit November
2016 ist er Präsident des FC Bayern München.

Uli Hoeneß

Er hielt ein bisschen Geld zurück,
Das mehrte seinen Reichtum.
Den Armen spendete er Glück.
Wir sollten es ihm gleichtun.

Denn Hinterziehung ist ein Spaß:
Sie hebt uns aus den Schafen.
Und spenden wir den Armen was,
Dann können wir gut schlafen.

Das große Geld behalten wir,
Denn Halten ist was Schoeneß.
So halten wir, denn mir san mir,
Steinfest zu Uli Hoeneß.

Veronica Ferres

Täglich kommt im Spielfilmfernsehn
Eine Diva wunderbar,
Die wir täglich liebend gern sehn,
Und sie heißt Veronica.

Und ist auch der Plot bescheuert
Und ist auch das Drehbuch Mist:
Ei, wie gucken wir befeuert,
Wenn ein Film mit Verres ist.

Um uns nicht zu überfluten,
Pickt sie klug die dümmsten raus.
Spielte sie auch noch in guten:
Ach, wer hielte das denn aus!

Ein spanischer Fußballtrainer hat mit dem FC
Barcelona Titel im Dutzend gewonnen und geht
dann plötzlich in die Fremde, um einen bizarren
Dialekt zu erlernen.

Pep Guardiola

Man sah ihn siegen Jahr um Jahr
Und seine Schöpfung feiern.
Doch mancher Gott ist sonderbar,
Und dieser ging nach Bayern.

Nun paukt er's Deutsche Wort für Wort,
Doch ist sein Lohn betrüblich:
Das Deutsche ist, zumal vor Ort,
In keiner Weise üblich.

»Wieso spuit's net vo hintn raus?
Da zuckt's mir in den Händn,
Ja Schweini, mei, es is a Graus!« –
Ach, darf ein Gott so enden?

Hannes Jaenicke

»Die große Volksverarsche« heißt
Ein Bestseller von Jaenicke,
Der unsrer Welt die Richtung weist,
Weshalb ich oft und jäh nicke:

Man soll den Müll entsorgen und
Die Meere nicht verschandeln und
Statt kaufen auch mal borgen und
Die Umwelt gut behandeln und

Auch Plastiktüten kommen vor:
Die soll man – na? Na eben.
Man soll so manchem Buchautor
Vielleicht mehr Rollen geben.

Nach ihrer fulminanten Rotweinautofahrt wird
die ehemalige Ratsvorsitzende der deutschen
Evangelischen Kirche von Jahr zu Jahr beliebter.

Margot Käßmann

Zwei schwere Jahre führte sie
Das Haus der Lutheraner.
Dann machte Wein sie leicht wie nie:
Viel freier, viel spontaner.

Die Ampel rot, die Käßmann blau –
»W-was soll das Rot b-bedeuten?!«
Seit diesem Tage wird die Frau
Geliebt von allen Leuten.

Sie hat Erfolg im ganzen Land
Und Stimmen, die sie feiern.
Wann wird der SPD-Vorstand
Blau durch die Hauptstadt eiern?

Sebastian Vettel

Wie trüb ist mancher Sonderling,
Und seine Seele reut mich.
Doch dieser saust im Stinkeding
Im Kreis herum und freut sich!

Er saust herum und bremst und saust
Sein Lebtag froh und munter.
Auf den Geraden wird gebraust,
Vor Kurven bremst er runter,

Dann saust er wieder knatter brumm
Und quietschquietsch und so weiter.
Wie trüb geht manche Jugend um,
Doch diese hier: wie heiter!

Albert Einstein

Er gilt bis heute als Genie,
Doch keiner weiß weswegen.
Schon seine Raumzeit-Theorie
Ist leicht zu widerlegen.

Denn hie ist Raum – und da ist Zeit.
Nur so sind sie von Nutzen.
Kein Raumpfleger wär je bereit,
Die ganze Zeit zu putzen!

Auch Kofferraumzeit braucht man nicht,
Der Koffer*raum* genügt uns.
Moral: So manches »große Licht«
Veräppelt und betrügt uns.

Harald Lesch, Ranga Yogeshwar

Zwei wissen alles auf der Welt,
Da kann man kaum entscheiden:
Wer ist der wahre Superheld,
Weil Schlauere von beiden?

Zieht also Lesch auch dann Kreuz-Ass,
Wenn Yogeshwar 'nen Lauf hat?
Weiß umgekehrt der Ranga was,
Was Harald nicht so draufhat?

Heraus zum Endpiel, aber schnell!
Zum Kampf auf Kopf und Kragen!
Wir fordern ein TV-Duell!
Frau Slomka stellt die Fragen.

Boris Becker

Im schönen neuen Tennisspiel,
Da ist der Star ein König.
Die Stars von einst verdienten viel,
Ja, wirklich viel zu wenig.

Die neuen Spieler sieht man nicht:
Die schimmeln in den Jachten.
Doch Boris Beckers Angesicht
Ist häufig zu betrachten.

Wie wäre es, man gäbe ihm
Noch schnell ein paar Milliarden?
Es wär für ihn nicht weiter schlimm,
Und uns würd's auch nicht schaden.

Am 8. Oktober, als die Zahl der vor Italien ertrun-
kenen eritreischen Flüchtlinge auf 231 steigt, fordert
der Innenminister schärfere Maßnahmen gegen
Armutseinwanderung und sieht ansonsten keinen
Bedarf, die europäische Grenzpolitik zu ändern.

Hans-Peter Friedrich

Wie Christus auferstanden ist
Aus Mitleid und Erbarmen,
So steht auch dieser große Christ
Auf Mitleid mit den Armen.

Er hält die Flüchtlingspolitik
Europas für goldrichtig
Und Schreie, Tränen und Kritik
Für sachlich falsch, ja nichtig.

Und in der Tat: Es ist doch toll,
Dass immer mehr ersaufen.
Denn ist das Mittelmeer erst voll,
Dann – kann man drüberlaufen!

Im Oktober wird bekannt, dass ein Limburger
Bischof für seinen neuen Sitz statt bewilligter fünf
ca. dreißig Millionen Euro Kirchensteuer ausgab,
und alle schimpfen. Nur ich nicht, und zahlreiche
LeserInnen loben anschließend meinen Mut.

Franz-Peter Tebartz-van Elst

Ward Glitzerzeug als Stimulans
Des Glaubens je bestritten?
Besteht der Glanz des Vatikans
In fahlen Wellblechhütten?

Verhieße eine Sacre Coeur
Aus Lehm den Garten Eden?
Verdienten Könige Gehör,
Wenn sie in Fetzen reden?

Für all dies zeigt der Bischof Sinn,
Und falsch wär jede Strafe.
Wir wollen keinen Bischof in
Der Wolle seiner Schafe!

Anlässlich einer neuen Vortragstour des vormals
weltweit einzigen Bergsteigers, der drei Acht-
tausender gleichzeitig hochrennen konnte.

Reinhold Messner

Sein Leben glich dem Hamsterlauf
Und war doch zehnmal bunter:
Erst lief er einen Berg hinauf,
Dann lief er wieder runter

Und rauf und runter und so fort,
Dann wieder auf und nieder.
Geflügelt das Pilotenwort:
»Na kuck, da läuft er wieder.«

Heut zeigt er uns die weiße Welt,
Weil jeder mal zu alt ist,
In Diashows und sagt (für Geld),
Dass Schnee auch dort saukalt ist.

Auf den Stadionbauten für die Fußball-WM in
Katar 2022 sterben im Lauf des Jahres fast
zweihundert freie und Zwangsarbeiter an Hitze
und Unterernährung.

Sepp Blatter

Das lange Sterben in Katar
Auf den WM-Baustellen
Erklärt der Kurze lapidar:
Passiert in solchen Fällen.

Glutheiß, kaum Wasser, wenig Brot,
Da fällt man halt. – Recht hatter.
Und beißt sie fleißig Mäuse tot,
Rülpst nicht allein die Natter.

Auch wir hier haben Sepp pappsatt
Und Blatter noch viel satter.
Dass kaum noch jemand Hunger hat,
Verdankt die Welt: Sepp Blatter.

Am 12. 11. wäre der große Humorist, Zeichner,
Schauspieler, Regisseur und Autor Vicco von Bülow
alias Loriot neunzig Jahre alt geworden.

Loriot

Liebend gerne schenken wir
Dir ein kleines Denkgedicht,
Denn wie gerne denken wir
An die Nudel im Gesicht!

An die Kussfigur im Schlund
Deiner Paarberaterin,
An den Lottokönig und
Seinen Kampf mit Wort und Sinn,

An die Klugheit und Noblesse
Deiner Kopf- und Beinarbeit!
Nur an Wasser fehlte es
Deinem
    Müller-Lüdenscheidt

Ende des Jahres äußert sich Angela Merkel
erstmals zur Tatsache, dass der amerikanische
Geheimdienst NSA ihr Handy ausgespäht hat.

Angela Merkel

Erst blickt sie stumm von hier nach dort
Und spricht ein ganzes Jahr nicht.
Doch dann, urplötzlich, Wort für Wort:
»Abhören, das geht gar nicht.«

Dann sagt sie nichts und bleibet stumm
Und redet nie und keinmal
Und hockt still schweigend stumm herum.
Dann sagt sie es noch einmal.

So lasst vor dieser Göttin hold
Uns voller Dank verneigen:
Die größten Schweiger reden Gold,
Um gleich darauf – zu schweigen.

Barack Obama

Er hört Frau Merkels Handy ab?
Da möchten wir nicht stören.
Es kann durchaus erhebend sein,
Frau Merkel abzuhören.

»Gemeinsam wollen wir das Land
Ein Stück nach vorne bringen«:
Seit Jahren lässt sie, wie bekannt,
Nur diesen Satz erklingen.

Und endlich wissen wir den Grund:
Sie roch Obamas Braten.
Kein Sterbenswort aus ihrem Mund
Soll jemals was verraten!

Noch sind die Abgasverbrechen der deutschen
Autoindustrie nicht aufgeflogen. Vor lauter
Schmutzgeldüberfluss dreht der Benz-Chef durch
und bringt ein nach ihm designtes Modell auf
den Markt.

Dieter Zetsche

Der Daimlerkönig hat's nicht schwer:
Die S-Klasse lässt's rattern.
Nun sind auch erste Bilder der
Zet-Klasse zu ergattern.

Die Haube wurde tuchpoliert
Und glänzt unwiderstehlich,
Das Fernlicht gleitsichtoptimiert.
So wirkt die Schnauze fröhlich.

Die Außenspiegel hören mit.
Der Motor: voll gefräßig.
Die Kühlernase: winterfit
(Schneeräumer serienmäßig).

Personenkontrolle 2014

Der Neujahrskater

Der Abend nippt am guten Wein.
Die ersten Böller krachen.
Nachts schiebt man weichen Whiskey rein,
Danach die harten Sachen.

Man spürt im Schlaf: Da ist ein Dieb
Ins Schlafgemach geschlichen.
Am Morgen ist der Lebenstrieb
Dem Todeswunsch gewichen.

Im Kopf zerplatzt der Overkill,
Im Magen ätzt der Trester.
Der Tag, nach dem man sterben will,
Heißt demgemäß Silvester.

2013 wechselte Merkels Staatsminister Eckart von
Klaeden auch offiziell in die Wirtschaft, Anfang
2014 verkündet ihr Kanzleramtschef Ronald Pofalla,
dass er gleichfalls einen Käufer gefunden hat.

Klaeden & Pofalla

Den Klaeden kaufte Daimler Benz,
Die Bahn kauft den Pofalla.
Die Käufe platzen vor Stringenz,
Denn beide sind der Knalla.

Sie krochen durch die Politik,
Um oben aufzutauchen,
Und sind, zu unser aller Glück,
Zu gar nichts zu gebrauchen.

Denn bleibt ihr Beispiel nicht allein,
Mag doch noch Hoffnung reifen:
Dann geht der Lobbyismus ein
An seinen schönsten Pfeifen.

Auch ein Jahr nach dem Rücktritt des wohl trick-
reichsten Aufsichtsratsvorsitzenden des Berliner
Flughafens ist der BER zwar vier Milliarden Euro
teurer als geplant, aber noch lange nicht in Betrieb.

Klaus Wowereit

Kein Höllenkrach aus Kerosin
Und Schlaf für Mensch und Meise:
Der Großflughafen von Berlin
Ist gut und schön und leise.

In Laos soll ein Staudamm bald
Vietnam das Wasser klauen.
Auch Stuttgart möchte mit Gewalt
Was richtig Großes bauen.

Und hier wie dort mag also der
Hansdampf der großen Sachen
Und listige Verhinderer
Klaus Wowereit das machen.

Anfang Januar erklärt die Verteidigungsministe-
rin, sie wolle die Bundeswehr mit Angeboten zu
Teilzeit und Kinderbetreuung zu einem »familien-
freundlichen Unternehmen« umbauen.

Ursula von der Leyen

Die Armee soll schöner werden:
Tagesmütter! Kitas! Cool.
Morgen geht's auf Schaukelpferden
Statt auf Panzern durch Kabul.

Schöner auch die Kanonade:
Haribos statt Oberst Klein!
Bomber werfen Schokolade,
Darauf steht: »Gruß von der Leyen«.

Drohnen schicken bunte Ranzen
Und Raketen Marzipan!
Hui, die Kinder werden tanzen,
Hier und in Afghanistan.

Anfang Februar zeigt u.v.a. auch die Frauenrecht-
lerin Alice Schwarzer sich selbst dafür an, die
Zinsen eines Schweizer Kontos jahrzehntelang
nicht versteuert zu haben.

Alice Schwarzer

Würd' es kein Gewehr nicht geben,
Müsste niemand Amok laufen.
Gäb's kein Teufelszeug aus Reben,
Müsste niemand komasaufen.

Wäre Mückenstich verboten,
Müssten Mücken nicht mehr stechen.
Gäb' es keine Frauenquoten,
Müssten Männer sie nicht brechen.

Und vor armen Steuerdieben
Müssten wir als Täter knien:
Würden keine eingetrieben,
Müssten sie nicht hinterziehn.

Eine Würdigung eines dieser neuen Milliardäre,
die schon als Kind ihr Herz an den Profit verloren
und also den Verstand.

Mark Zuckerberg

Er wirft den Unfugindustrien
Die Schafe in den Rachen
Und mag sich leiden, weil sie ihn
Zu ihrem Schlachter machen.

Er gibt von sich nicht gern was preis,
Doch gerne was von Ihnen
Und schreit sich nachts die Kehle heiß:
»Ich muss noch mehr verdienen!«

Er wusste schon als Grundschulzwerg:
»Ich möchte Blödmann werden.«
Und wurde Blödmann Zuckerberg,
Der größte Mark auf Erden.

Im Februar eröffnet der russische Präsident in
Sotschi seine Olympischen Winterspielchen.

Putin

Weil dieses homophobe Akt-
Modell ein echter Mann ist,
Trägt's obenrum gern pudelnackt,
Damit man sieht, was dran ist.

Und wer so männlich ist und tut,
Der lebt nach seinen Trieben.
Der findet Männliche saugut
Und darf sie zwar nicht lieben,

Doch lädt er Jugend in sein Reich.
Auch Männer. Vieleviele.
Vom Harem träumt ein kleiner Scheich
Und nennt es »Winterspiele«.

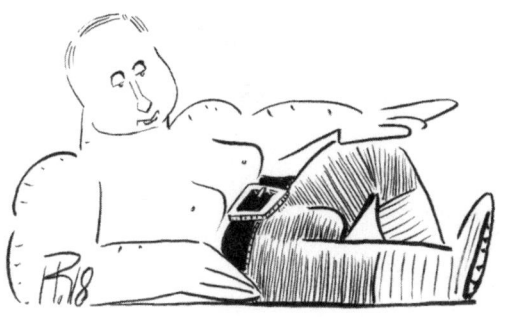

Markus Lanz

Er ist der meiste Talkshowmann
Mit seinem tollen Aussehn.
Ich schaute seine Talkshow an
Und sprach: »Schatz, solln wir rausgehn?«

Er schaut sich an und schreit juchhu,
So gut kann er sich ausstehn.
Ich hörte seiner Talkshow zu
Und schrie: »Schatz, bitte ausdrehn!«

Heut danke ich Herrn Lanz dafür,
Dass wir fast täglich ausgehn.
Es lohnt die Fernsehguckgebühr,
Wenn Liebende ums Haus gehn.

Die Geissens

Die Geissens sind mein Favorit
In Sachen Herzerweichen:
Wir Superarme leiden mit
Den Kölner Superreichen!

So strahlend wie ein Kellerloch
Zeigt jede neue Staffel:
Die haben *alles* Geld und doch
Nur *einen* an der Waffel!

Auf den sind sie besonders stolz,
Denn der ist unerschwinglich.
Und ist der Kopf erst mal aus Holz,
Ist auch das Maul nicht pinglich.

Versuch über die geheimnisvolle Gestik eines
Fernsehwetterberichters

Sven Plöger

Er sagt »Der Winter ist vorbei
Nun auch in Ostwestfalen«
Und malt mit Zauberhänden zwei
Neunkurvige Spiralen.

Weil Plöger'sche Gebärden sich
Vom Worte stark entfernen,
Kapiert man's zwar auf Erden nich',
Jedoch auf fernen Sternen:

Es ist Geheiminformation;
Und Sven von dort gekommen!
Und bald schon wird die Erde von
DEN PLÖGERS übernommen.

Günther Jauch

Wer kriegt ein Superreichengeld,
Indem er armen Leuten
Vor armen Leuten Fragen stellt?

»Schnarcht Daniel Van Buyten?
Seit wann besteht die Visumpflicht
Am Popocatépetl?«
Der Superjauch, er weiß es nicht,
Jedoch sein schlauer Zettel.

»Wieso nur hat's der Arme schwer?«
Nur wenn er weiß, gewinnt er.
»Und wer wird immer Millionär?«
Der nixwissende Günther.

Das schamlose Schneiderlein

Wolfgang Joop

Auf der Uni wollte er
Nix so recht zu Ende machen.
Eine Zeit lang schmollte er,
Dann erfand er Anziehsachen.

Hosen, Hemden, weiß und bunter,
Zeug, das man in Läden sieht,
Zeug und Kram für untendrunter
Und was man so drüberzieht.

Rar sind derart gute Leute:
Spitz auf Geld und herrlich stumpf.
Darum hilft der Joop auch heute
Der Barbarin Heidi Klumpf.

Nach einem von Sicherheitsmängeln verursachten
verheerenden Grubenunglück in Soma lässt der
türkische Präsident im Mai auf Protestierende
einschlagen und eintreten.

Recep Tayyip Erdoğan

Vielhundert sind im Berg erstickt,
Verbrannt, verletzt, verkrüppelt.
Da hat er Polizei geschickt
Und Trauernde verknüppelt,

Denn nur der Schmerz am eignen Leib
Kann den im Herzen lindern.
Froh tanzte da manch' Witwenweib
Mit halben Waisenkindern!

So heißt der weltweit beste Mann
Von Stockholm bis Anguilla
Ganz ohne Zweifel Erdoğan
(Platz zwei geht an Godzilla).

Gleichfalls im Mai entführen muslimische Terroristen in
Nigeria mehr als zweihundert christliche Schulmädchen,
ein paar Tage später überfallen sie eine Kleinstadt im
Norden des Landes und schlachten Hunderte Menschen ab.

Der Menschenfeind

»Ihr Menschen da,
Zerhackt euch doch, erschießt euch doch,
Schlagt euch die Köpfe ab,
Trinkt Fleisch und Blut, was soll das noch,
Ihr Menschen seid vom Arsch das Loch,
Kommt, springt voraus ins Grab,
Die Länder faulen längst im Dreck,
Die Meere sowieso,
Paar Jachtenbankster fressen Speck,
Milliarden hungern unter Deck
Und kriechen leer aufs Klo
Und scheißen einen Gott und sind
Dann groß und stark und satt
Und dumpfer als das dümmste Rind
Und gegen's kleinste Menschenkind
Bereit zu größter Tat
Und schlachten es, mir isses recht,
Was klein stirbt, wird nicht groß,
Und jeder große Mensch ist schlecht,
Es gibt kein letztes, nur Gefecht,

Ja, gebt den Todesstoß
Der Menschheit, dass sie nachts erfriert
Im UNO-Flüchtlingszelt,
Ihr Mörder, die ihr dirigiert,
Zu welchem Kurs der Mensch vertiert –
Willkommen, letzte Welt«:

So hat sich in den Schlaf geweint
Mein neuer Freund, der Menschenfeind.

Dann aber erfreut der Mai mit einem neuen Kino-
film des besten Schaupielers weltweit aller Zeiten!

Tom Cruise

Nicht wie ein Duft aus Achselhaar
Und nasser Bommelmütze;
Nicht wie die Wurst vom letzten Jahr
In kalter Hafergrütze;

Nicht wie ein irrer Morphinist
Mit Säcken voller Läuse;
Nicht wie der schwarze Antichrist
Und pestilente Mäuse,

Nur wie ein eingeschlafner Fuß
Im morschen Schweinekoben:
So prima schauspielt der Tom Cruise!
Nein, Quatsch: doch so wie oben.

Im Juni trifft der FC Bayern München im Halb-
finale der Champions League auf Real Madrid,
und schnell erhält das Gedicht seine verdiente
Strafe: Es irrt.

Cristiano Ronaldo

Nun guckt euch den Versager an!
Lasst uns Vertrauen schöpfen,
Weil er ja weder schießen kann
Noch im Geringsten köpfen.

Zwei linke Füße, dicker Bauch,
So schnell wie eine Schnecke,
Und schielen tut der Dicke auch.
Sein Blick geht um die Ecke.

Null Technik, keine Übersicht,
Und wenn er fällt, dann schreit er.
Und die Moral von dem Gedicht:
Die Bayern kommen weiter.

Wolfgang Schäuble

Er nahm für'n Spendenkanzler Kohl
Gezählte hunderttausend Geld,
Und Merkel sah schon damals wohl,
Dass Schäuble viel von Zahlen hält.

Der nahm erneut: die Chance beim Schopf
Und übte Mathe Tag und Nacht,
Erst schriftlich, dann sogar im Kopf
Bis hin zu vierzig *minus* acht (!)

Und stieß dann vor ins Fluidum,
Da Zahlen Tango tanzen.
Und ein Finanz*jongleur* wuchs zum
Minister der Finanzen.

Zur Fußball-WM 2014 in Brasilien eine deutsche Fanomenologie, so utopisch wie kontrafaktisch:

Der Fußballfan

Zum Spiel verzehrt er Lauchpüree
An Reis und Sojabohne,
Dazu ein Tässchen Yogi-Tee
Mit einem Schuss Zitrone.

Beim Spiel posiert er ausgehfein
Und singt adrette Lieder.
Zu groben Gesten sagt er Nein,
Auch Lärm ist ihm zuwider.

Und nach dem Spiel: die Hochkultur!
Kunst! Oper! Tanztheater!
Sein Trumpf heißt Idealfigur,
Sein Lieblingshaustier Kater.

Der Fußballgott

Der Dumme macht sich selbst zum Ziel
Von Gottesfurcht *und* Klage:
Er sorgt im selben Fußballspiel
Für Sieg *und* Niederlage!

So wird er zwar auch dann geliebt,
Wenn er extrem gehasst wird,
Weil's *hier* den Sieg zu feiern gibt,
Obwohl er *dort* verpasst wird –;

Doch reden ungerecht und harsch
Zumal die, die verloren.
Die nennen ihren Gott dann »Arsch«,
Zum Teil sogar »mit Ohren«!

Bevor Ende Juli das russische Asyl des Whistle-blowers Edward Snowden endet, biete ich, wie zahlreiche andere Solidarische auch, ihm eine Unterkunft an.

Edward Snowden

Bei mir zu Hause steht ein Bett
Für dich, für »Eddy« Snowden.
Weil erstens kannst du Internet
Und Passwort und Downloaden

Und zweitens jeden Klingelton.
Du bist doch so durchtrieben,
Du kennst bestimmt den Update von
XP auf Windows sieben!

Du hat doch einfach ein Gefühl
Für Strom und Schreibcomputer!
Auf, Eddy, pronto! Ins Asyl!
Zu mir! Komm her, du Guter!

Am 18. Juli, fünf Tage nach dem Gewinn der
Fußballweltmeisterschaft, gab der Kapitän der
deutschen Elf seinen Rückzug bekannt.

Philipp Lahm

Weinen hörte man und Beten,
Als die Horrormeldung kam:
»Philipp Lahm zurückgetreten.«
Warum ausgerechnet Lahm?!

Großkreutz, Özil und Khedira,
Mehdorn, Dobrindt, Gabriel,
Merkel, Bieber, Klum, Shakira,
Wespen, Erdoğan und Shell,

ISIS und die Schreckensreiter
NSA und CSU:
Alle, alle machen weiter,
Nur der liebe Lahm nicht. Buh!

Der »Stern« bat mich um Würdigung einer mir
bis dahin unbekannten Sängerin, und die darauf
folgenden drei YouTube-Minuten zählen zu den
eindrücklichsten meines Lebens.

Im Helene Fischer

Jeder Mensch mit Schmalz und Ohren
Muss die Schlagerdiva lieben:
In Sibirien geboren,
Aber leider nicht geblieben,

Lässt sie uns mit Herz und Beinen
Hüpfen und mit Kribbelbauch!
Denn die Worte sind zum Weinen
Und die Melodeien auch.

Sie gewann die »Goldne Henne«,
Und obwohl ich Tierfreund bin
Und Trillionen Arten kenne:
Besser krieg ich's auch nicht hin.

Bruce Willis

Wer ist ein Unkraut und verdirbt
Niemals mit Haut und Haar nicht?
Wer stirbt, auch wenn er langsam stirbt,
Nicht langsam, sondern gar nicht?

Wer zieht sich tausend Scherben aus
Den Füßen und rennt weiter?
Wer fällt aus einer Boeing raus
Und fällt gelöst, ja heiter?

Wer liegt von tausend Schurken wund,
Damit er endlich still is'?
Und wer steht auf und macht sie rund?
Der ewige Bruce Willis.

Am 3. Oktober spricht ein ansonsten singender
Bizarrchrist und Verschwörungsgläubiger auf
einer Demo seiner Freunde vom Reichsbürgertum.

Xavier Naidoo

Jahrzehnte kam aus seinem Hals
Nur dürrer Soul mit fettem Schmalz.
Da dachte sich der Xavier:
»Nai, doo ich mal was predige!«

Nun flegelt er mit Nazis rum
Und andern Eseln und macht brumm:
»Der Ami herrscht im deutschen Land«,
Brummt Xavier und hebt die Hand:

»Ich weiß, wo's langgeht. Außerdem
Ist Mannheim Neu-Jerusalem!«
Und auch das Mikro leugnet nicht,
Dass da wohl der Erlöser spricht.

Udo Lindenberg

Wer gerne Schönes singt und tut,
Verschönert gern die Pille
Mit einem crazy Cowboyhut
Auf krasser Sonnenbrille;

Und schürzt, als ob's noch nötig wär,
Vor unsren stumpfen Augen
Die Lippen spitz, als wolle er
An unsren Seelen saugen.

Und wirkt er so auch cool, ja chic
Und gallig, ja gallertig,
Macht uns doch erst sein Udo-Blick
So richtig fix, ja fertig.

Zum festlichen Ausklang des Jahres eine
zweiteilige Berufsberatung:

Maria …

Der Mensch in seinem Brotberuf
Geht Jahr um Jahr kaputter.
Aus göttlichem Erbarmen schuf
Gott den der Gottesmutter.

Die ihn ergreift, lebt hochgeehrt:
Die erste ist gar heilig.
Und weil ihr Sohn bald wiederkehrt,
Ist's mit der zweiten eilig!

Bewerben kann sich jede Frau
Mit Spaß an Lichtempfängnis.
Das Casting macht die Tagesschau,
Bei Schummeln droht Gefängnis.

... und Josef

Maria wird extrem berühmt
Ins Paradies verfrachtet.
Doch Josefs Leid bleibt ungesühnt,
Der Mann stark unbeachtet.

Wo musste sonst ein Vater je
Der Zeugungslust entsagen?
Das blöde »Licht« – ojemine!
Doch nie hört man ihn klagen.

Er ist die stumme Randfigur
Des Neuen Testamentes.
Er sagt fast nichts. Ihn gibt es nur.
Ein jeder Vater kennt es ...

Ist der Welttorhüter 2013 und bester Torhüter
der WM 2014 ein Alien?

DAS NEUER

Schießt man den Ball zum Tore hin
Und denkt: »Ich glaub, ich spinne!
Was steht denn da für'n Monster drin?«,
Dann steht DAS NEUER drinne.

Auf Schalke wurd' es stark und groß –
Und wächst. Die Stürmer weinen:
Fünf Meter trennen Kopf und Schoß!
Zu schweigen von den Beinen.

Die Bälle frisst es einfach auf.
So wurd' es Welttorhüter.
Sind andre Hüter auch gut drauf:
DAS NEUER hütet güter.

Personenkontrolle 2015

Zum sechzigsten Geburtstag eines
englischen Komikers

Mr. Bean

Rowan Atkinson wurd' sechzig.
Sechzig Jahre Mr. Bean,
Sechzig Jahre Quatsch, das rächt sich:
Alle Kinder lieben ean.

Und wenn kleine Menschen lieben,
Bleiben sie als große treu,
Auch wenn sechseinhalb von sieben
Witzen älter sind als neu;

Also Glückwunsch! Und mach weiter,
Was nicht leicht zu machen ist:
Sei nach Kräften leicht und heiter!
Zeig, wie ernst Dir's Lachen ist!

Im Februar 2006 gehört die französische Satirezeitschrift Charlie Hebdo zu den wenigen Blättern, welche die Mohammedkarikaturen der dänischen Jyllands-Posten nachdrucken.

Im November 2011 bringt Charlie Hebdo ein Sonderheft zum Wahlerfolg der tunesischen Islamisten (»100 Peitschenhiebe, wenn Sie sich nicht totlachen!«), am selben Tag wird ein Brandanschlag auf die Redaktion verübt.

Am 7. 1. 2015 dringen muslimische Terroristen in die polizeilich geschützten Pariser Redaktionsräume ein und erschießen zehn Zeichner, Autoren und Redakteure sowie zwei Polizisten.

Die Mörder von Charlie Hebdo

Wie gern mögen Rindviecher Ironie
Und Ochsen das komische Sprechen!
Esel und Pimpf: Wie versiert wissen die
Durch Kenntnis zu be- und zu stechen!

Nonsens, Satire, Uneigentlichkeit,
Überspitzen und Parodieren:
Auch Hennen und Schafe sind gern bereit,
Dies kraft ihres Hirns zu goutieren.

Kamele, die Zahlen von eins bis zehn,
Das Brot und der Brat und die Pfanne:
Sie alle tun voll auf Satire stehn.
Nur Menschen sind oftmals zu panne.

Der Schoß ist fruchtbar noch, aus dem das kroch:
Seit Wochen demonstrieren, vor allem in Dresden,
alte und neue Nazis für Rassismus und Brutalität
gegenüber Geflüchteten.

Pegida

Die neusten heißen Feger hier
Im Reich von Oder/Neiße,
Die wollen keine Neger hier,
Und wenn, dann kreideweiße.

Sie mögen Herzen gerne hart
Und lieben weiche Birnen
Zu Ochs- und Schafskopf ungegart,
Serviert an Spatzenhirnen.

Im Meer aus Not und Kriegen ist
Die Hilfe eine Perle.
Im Heer aus Kot und Fliegenmist
Erblühen diese Kerle.

Wie in den Jahren zuvor hetzt eine private
Fernsehfirma auch in diesem Januar supereklige
Menschen auf gefangene Insekten und andere
Kleintiere.

Die Dschungelcamper

Sie würden gerne wieder gehn,
Doch holt sie keiner raus.
Ihr Leid ist kaum mitanzusehn.
Wie halten die das aus?

Wie glibbrig dieser Camper sind!
Und ähh, die vielen Beine!
Und wie gemein die Spesen sind:
Für Tiere gibt es keine.

Aus Eimern kippt man sie wie Brei
Auf diese Wesen nieder.
Zwei Wochen währt die Quälerei,
Dann gehn die Camper wieder.

Zu Anfang des Jahres erklärt der ehemalige
Schwarzgeldkassierer und akute Finanzminister
Schäuble, dass er den konzertierten Bankenüberfall
auf Griechenlands Arme, Kranke, Familien und
Rentner nicht länger befehligen möchte (Witz).

Der mit den Griechen fühlt

Er nährt die Kinder, nicht das Geld,
Und rollt nicht über Leichen.
Sein warmes Herz will kalte Welt,
Will Stein und Schwein erweichen.

Nicht dem, der die Rendite presst,
Gilt dieses Christen Liebe:
Wer den Gequälten leben lässt,
Gibt Brote, keine Hiebe.

Er führt die Nackten aus der Fron
Der nackten Interessen.
Die werden's ihm, zu seinem Lohn,
Gewisslich nicht vergessen.

Am 14.2. stirbt der Erfinder der Süßigkeiten und also
zu Recht reichste Italiener im Alter von 89 Jahren.

Michele Ferrero

»Der beste Mann der Welt ist tot«:
So hört's man nun von Kindern.
»Er gab uns das Nutellabrot.
Nichts kann die Trauer lindern.«

Und auch Hanuta, Mon Cheri,
Rocher, Ferrero Küsschen:
Michele, ach!, kreierte sie
Aus Schoko, Keks und Nüsschen.

Doch blühet unterm schwarzen Flor
Der Trost von Seoul bis Kleve:
Es gibt das Zeug ja nach wie vor
Beim Aldi oder Rewe …

Zum letzten Arbeitstag eine Würdigung des ehemaligen
Vorständlers, Mitglieds des Aufsichtsrats bzw. Geschäfts-
führers bei: Airbus, Messerschmitt-Bölköw-Blohm,
Deutsche Aerospace, Dornier Luftfahrt, Heidelberger
Druckmaschinen, Lahmeyer AG, RWE, SAP, Lufthansa
Technik, Deutsche Bahn, Air Berlin, EnBW, Russische
Eisenbahn, Flughafen Berlin-Brandenburg u. a.

Hartmut Mehdorn

Wie's mancher dieser Burschen schafft
Mithilfe ihrer Burschenschaft,
Fiel Mehdorn früh nach oben hin,
Und hier, in seinem Fall, hat's Sinn:

Ob Airbus, Bahn, ob BER,
Er *kann* nur Vorstand. Zwar nicht sehr;
Doch dreht er eine Schraube rein,
Will gleichfalls niemand Mutter sein.

Nun stellt der Weltgeist ihn mit List
Nach dorthin, wo's am besten ist
Für ihn und uns: den Ruhestand.
Gott schütze unser Vaterland!

Stark ungehaltene Rede zur Stärkung des Frank-
furter Bankenunwesens durch die Eröffnung der
Europäischen Zentralbank EZB am 18. 3. 2015

Frankfurter Menschen

Rennst du den Globus auch runter und rauf,
Wurscht, ob du fliegs oder wanders:
So viele Hälse mit Arsch obendrauf
Findest du nirgendwo anders.

Wie sie marschieren in Anzug und Schlips,
Schweinsglatt bis dreitagebärtig,
Herztot und Hirn voller Großbankstertipps:
Abschaum. Geschmeiß. Widerwärtig.

BWL-Landser, dann Todesschwadron
Bei Goldman & Sachs, Deutscher Bank.
Killer in Windeln und Louis Vuitton,
Körper- und geisteskrank.

Aber sie abknallen – wäre das schön?
Nein!! Und wer macht das noch, heute.
Keiner will heute noch abknallen gehn.
Schämt euch, ihr jungen Leute!

2013 zeigt der griechische Wirtschaftsprofessor Yanis Varoufakis bei einer Rede auf dem Zagreber »Subversiv Festival« einen Stinkefinger. Im Februar 2015 wird er griechischer Finanzminister.
Im Februar 2015 läuft in Jan Böhmermanns Satiresendung »Neo Magazin Royale« ein Musikvideo mit Varoufakis' Stinkefinger.
Im März konfrontiert Günther Jauch den eingeladenen Varoufakis mit dem Video und unterstellt wahrheitswidrig, die Geste sei an die deutsche Regierung gerichtet. Varoufakis verneint. Im März erklärt Böhmermann, das Zagreb-Video sei von ihm gefälscht worden, und präsentiert eine mittelfingerfreie, allerdings gefälschte Version.

Yanis Varoufakis

Ob Stinkefinger oder nicht:
Welch kleinliches Gemunkel
Um dieses hohe Himmelslicht
In tiefstem Höllendunkel!

Dort piekst der Dreizack von der Spree
Die Armen, Alten, Siechen,
Dort sterben an den Zinsen je
Quartal dreitausend Griechen –

Ein Finger gegen Barbarei?
Da heißt es schärfer fechten!
Auf, Leser/innen! Stehet bei
Dem Coolsten der Gerechten!

*Im April beschimpft der geisteskranke Mann vom
Bosporus den neuen Papst wegen dessen Anerkennung
des türkischen Völkermords an den Armeniern als
türkischen Völkermord an den Armeniern.*

Recep Tayyip Erdoğan

Für Völkermord das rechte Wort,
So sprach der Papst in hellem Wahn,
Sei ohne Zweifel Völkermord.
Laut drohte ihm der Erdoğan!

Und lauter schrie der weise Herr:
»Dies *e gleich m mal c hoch zwei*
Von Alfred Einbein oder wer,
Das ist ja auch so'n faules Ei!

Und wer da sagt, der Kreis ist rund«,
Jetzt brüllte er als wie am Spieß,
»Dem haue ich die Birne wund!!«
Dann gab ihm Mutti seinen Grieß.

Zwei Wochen später streicht der amerikanische
Präsident Obama das sozialistische Kuba von der
sogenannten US-Terrorliste und reicht dem
kubanischen Präsidenten Raúl Castro die Hand.

Raúl Castro

Er überschritt den Rubikon
Und brach die Mottenkiste:
Er strich die USA nun von
Der Terrorstaatenliste.

»Ich hebe die Sanktionen auf«,
Sprach Castro zu Obama.
»Hier, Rum! Ein erster Probelauf.«
Es endete im Drama.

Die Buddeln leer, die Blicke tief,
Die Kater groß und edel.
»Das ist der reine Terror!«, rief
Obama, »ooh, mein Schädel!«

Ein wichtiger Stürmer des Dortmunder Fußball-
vereins BVB muss wegen jahrelangen Autofahrens
ohne Führerschein mehr als eine halbe Million
Euro Strafe zahlen.

Marco Reus

Fünfhundertvierzigtausend Geld
Fürs Fahren ohne Lappen,
Und wenn die Ahnung recht behält,
Muss Reus noch mehr berappen.

O Kohlenpott, o Irrenhaus!
So hält man doch sein' Star nicht!
In Dortmund kennt der sich doch aus!
Der braucht das Ding doch gar nicht!

Seit seiner Kindheit haust der da,
Seit seinem ersten Stündchen!
So einer geht nicht JVA.
So einer geht nach München.

Im Juni hat der Schweizer FIFA-Chef Joseph
»Sepp« Blatter genug korruptes Geld gesammelt
und kündigt seinen Rücktritt an.

Der Weltfußballverband

Du bist schon völlig unten und
Willst gerne noch viel tiefa?
Dann schule um auf Lumpenhund
Und gehe in die Fifa!

Du korrumpierst gern exzessiv
Auf Superluxusreisen?
Dann mache deinen Meisterbrief
Bei geisteskranken Greisen!

Du wärest gerne Unschuldslamm
Und hauptberuflich Natter?
Hier ist die Aussicht eher klamm:
Den Posten hat noch jemand.

Am 15. Juni stirbt ein zu Recht bis heute welt-
berühmter Hamburger Übersetzer, Schriftsteller,
Kolumnist, Schauspieler, Vorleser und Ausschweifer.

Harry Rowohlt

Er übersetzte »Pu der Bär«,
Und wie bei allen Sachen
Aus seiner Feder kann man sär
Viel lernen, lieben, lachen.

Er war der Penner im TV
Und König der Geschichten.
Er war die klügste Rampensau:
Er konnt' auf Whiskey dichten.

Genug mit diesem Herzensmist,
Wir schauen … tja, wohin bloß?
Ein Leben ohne Harry ist
Zwar möglich, aber sinnlos.

Im Juni kritisiert ein französischer Ex-Präsident
die EU-Pläne zur Verteilung der Aufnahme
Geflohener: Dies sei, als ob ein Klempner bei
einem Rohrbruch das Wasser nur verteile, statt es
zu reduzieren.

Nicolas Sarkozy

Wie Wasser aus gebrochnem Rohr
Ein Haus zugrunde richten:
So kommen ihm Migranten vor,
Die nach Europa flüchten.

Ein schönes Bild. Der Mensch besteht
Zum großen Teil aus Wasser;
Zumindest der, der menschlich dreht.
Anders der Menschenhasser.

Der sollte froh sein übers Leck,
Anstatt es zu beschmutzen.
Hell jauchze der Rassistendreck,
Den Wasser frühjahrsputzen!

Papst Franziskus

Die Päpste taten Wahrheit kund
Als Gottes Stellvertreter.
Er redet wie mit Menschenmund.
Und Petrus wird zum Peter:

»Ich haue jedem eine rein,
Der meine Mum beleidigt!
Auch leichte Kläpse dürfen sein.«
Wer hat denn *den* vereidigt?

Der faselt ja und babbelt ja
Wie wir! O Gott, wie schändlich!
Wir wollen die Enzyklika
Bizarr und unverständlich!

Die Bundessprecherin der u. a. von Bernd Lucke
gegründeten AfD sieht die Politik in der Pflicht,
den richtigen Deutschen das Aussterben zu verbie-
ten, und fordert eine Mindestanzahl Kinder pro
Gebärmutter.

Frauke Petry

Sie denkt an Deutschland in der Nacht
Nicht wie der Heinrich Heine.
Sie will, dass Deutschland Kinder macht,
Und macht den Weibern Beine:

Drei Stücker pro, die müssten raus,
Um den »Bestand zu sichern«.
Sie sprach das richtig ernsthaft aus
Und ohne loszukichern.

Mit »Lucky« Lucke ging sie steil
Und herrscht nun in den Nischen.
Heil Petry, äh, Quatsch: Petry Heil!
Viel Glück beim Eselfischen!

Die Bahn

In Norden steht ein Mann am Gleis,
Der wollte in den Süden.
Er steht seit Tagen, und er weiß:
Der Weg wird ihn ermüden.

Die Züge stehn im Abendlicht.
Der erste ruft: Ich fahr nicht!
Der zweite: Ich beweg mich nicht!
Der dritte: Ich schon gar nicht!

Zum Glück wird jeder Streik der Bahn
Im Streikverlauf verfeinert:
Dann streikt auch der Ersatzfahrplan. –
Der Mann ist dann versteinert.

Stephen Hawking

Ein großer Geist, der reden will!
Sein *Körper* mag nicht taugen.
Das Hirn so reg', der Mund so still:
Er schreibt. Mit seinen Augen.

Daneben all die Körper, och,
Da *Geist* das Reden mindert!
Das Hirn so mäuschenstill, jedoch
Der Mund schwerst unbehindert.

Sie rufen »Abschieben!« und »Maut!«
Und ähnlich klügste Klagen.
Wie komisch ist die Welt gebaut:
Die können alles sagen.

Die Autobahnraser

Würden Raser ihre Spiele
Nur mit ihresgleichen machen
Und nicht jeden Tag auch viele
Andere zu Leichen machen,

Würde niemand etwas sagen,
Wenn sie da mit Minipimmel
Und gestreckten Maxiwagen
Fliegen Richtung Raserhimmel –

Aber die das Leben ächten,
Können allen tödlich sein:
Weil sie gerne sterben möchten,
Aber gerne nicht allein.

Am 15. August ein Ständchen zum sechzigsten
Geburtstag eines deutschen Universalgelehrten:

Roger Willemsen
If rhymes should not be dry, man:
Lasst Roger W. sie reimen!

Mal dreht er einen Film, mal interviewt,
Mal moderiert er oder ist Dozent,
Mal Reisender und mal Korrespondent
Und zaubert doch alljährlich aus dem Hut
Ein Buch wie du in all den Jahren nicht
Mit seinem Kopf so gut und schön und klar
Und hell und schnell und so etwas von wahr!
Nur licht ist er, bei all den Haaren, nicht.

Und du hast deinen Kopf und vielmehr Bauch,
Und also schlingst du Buch auf Buch auf Buch
Und fragst dich bald: Kann der denn nie genuch?
Schön reimen mag der feine Herr wohl auch!
Und zählst du diese Bände, sind es viere:
»Ein Schuss. Ein Schrei. Das Meiste von Karl May«,
»Das schiefe Buch« von Newell auf Platz zwei
Und viertens: Saint-Saëns' *»Karneval der Tiere«.*

Da überträgt er frei ins deutsche Heute,
Und schallend bläst du Tusch auf Tusch auf Tusch

Zu diesem Tanz aus Gernhardt-Erhardt-Busch,
Der alle drei haushimmelhoch erfreute:
Da bindet wer mit allerfeinsten Leimen
Ein Werk in Verse, denkt und dichtet um,
Nimmt sich kleine Holperer nicht krumm
Und dir die Angst vor großen starken Reimen:

»... und auch manchen frommen Sack
fällt er mit dem Tomahawk.«

»Man liegt einfach da und denkt sich:
Nein, der scheitert nicht, der fängt sich.«

»Stehlen tu ich, denn ich kann das,
doch privat bin ich ganz anders.«

»Wenn ich nur noch einen tot schieß,
wird's der Mörder sein N'tscho tschis.«

Reime auf Kara Ben Nemsi?
Finden würd' Klara Willem' sie!

Würde sie nicht jener bremsen
Namens Roger und Willemsen.

Diesen lässt du mit Entzücken
(Wenn ich du sag, mein ich ich,

Folglich, wenn ich dich sag, mich)
Dich moralisch tief beglücken,
Wenn er leicht in Marmor meißelt
Das, was den Zerfall der Welt
Im Innersten zusammenhält,
Und es formvollendet geißelt:

»Nichts nimmt die Vernunft so mit
Wie die Aussicht auf Profit« –

Gott hat Erbarmen.
Quietschfroh lockt das Publikum:
Lieber Roger, lass dich um-
abba rmen!

Roger Willemsen starb am 9. Februar 2016.

Die Oktoberfestler

Im sonnenwarmen Blätterfall
Des jungen Herbstes finden sich
Tief drunten in dem Isartal
Auf grüner Wiese wonniglich

Veganer aus der ganzen Welt
Mit Freunden feinster Teekultur
Zu Tai-Qigong im Schweigezelt
Und Ayurveda Wellness pur –

Ein Mekka tiefster Achtsamkeit,
Da Seelen sich ertasten:
Bei Tiefschlaf-Yoga, Traumarbeit
Und Heilwasser und Fasten …

Im Oktober ist der bayerische Ministerpräsident
sechsundsechzig Jahre alt. Seine zweite Frau ist
neun, eine zwischenzeitliche Geliebte etwa dreißig
Jahre jünger.

Horst Seehofer

Weswegen warnt ein feiner Herr,
Mit grober Wut beladen,
Vor Flüchtenden egal woher,
Als könnten sie ihm schaden?

Der Mann ist einfach bauernschlau.
Wie heißt's bei Menschenkennern:
Ein älterer Mann mit jüngerer Frau
Hat Angst vor jungen Männern.

»Heraus aus meinem Bayernland!«:
Als ging's ums nackte Leben.
Der tiefe Grund ist nun bekannt,
Und wissen heißt: vergeben.

In einer Berliner S-Bahn belästigen zwei betrunkene
Männer eine Mutter und deren zwei Kinder, zeigen
den Hitlergruß und brüllen rassistische Parolen.
Einer der Betrunkenen uriniert auf die Kinder.

Nazis

Die auf Kinder urinieren,
Die geflohen sind aus Not,
Könnt' man prima therapieren,
Wär' ihr Hirn nicht mausetot.

Immerhin: Experten kennen
Diese Leute wirklich gut;
»Abgehängte Täter« nennen
Soziologen diese Brut.

Also kommt, der's weiterdenkte,
Ja von ganz alleine drauf:
Besser ist's für Abgehängte,
Jemand hängt sie wieder auf.

Die Auswertung der aktuellen Jugendstudie
bringt erschreckende Ergebnisse.

Die Jugend

Die Jugendstudie von Shell
Verheißt erneut nichts Gutes.
Sie sagt, dass ihr euch aktuell
Erneut und frischen Mutes:

Für Politik interessiert!
Es ist zum Glatzeraufen.
Statt dass ihr zünftig vegetiert
Bei Speed und Komasaufen!

Ja spinnt ihr?! Lüge, Kursgewinn,
Gier, Krieg und Sklaventreiben,
Das kriegen wir schon selber hin,
Das lasst ihr mal brav bleiben!

Nach fast 25 Jahren an der Spitze der Linken
kandidiert ihr prominentestes Mitglied nicht mehr
für den Fraktionsvorsitz und zieht sich aus der
Parteispitze zurück.

Gregor Gysi

Nun hörst du auf, obwohl du weißt:
Das Hauen wird zum Stechen.
Du weißt, dass Reichtum Armut heißt
Der Leute, die ihn blechen.

Vorm Reden hast du nachgedacht
Und nach dem Reden wieder.
Du hast die Linkspartei gemacht,
Die liegt nun recht darnieder.

So sagt dir Tschüss das Vaterland,
O Gysis »größter« Gregor!
Du zeigtest Seele, Herz, Verstand –
Gesamteindruck: integor.

Am 10. November stirbt der wohl berühmteste
fünfte Kanzler der BRD im Alter von 96 Jahren.

Helmut Schmidt

Nun weinen, ach, in größter Not
Die Nikotinverbraucher:
Mit Helmut Schmidt ging mausetot
Der weltweit beste Raucher.

Der Linke Brandt gefiel ihm nicht,
Die beiden trennten Welten:
Es rauchte der aus seiner Sicht
Zu schlecht und viel zu selten.

Doch Nachrüstung, die lobte er
Lautstark, ja überschwänglich.
Raketen sind halt gleichfalls sehr
Schön weiß und dünn und länglich …

Die Schläfer

Schläfer nennt man mordbereite
Gut versteckte Terrormeute,
Doch in echt und Spaß beiseite
Sind es herzensgute Leute.

Schläfer schlafen. Schläfer sind nicht
Wach genug zum Massenmorden.
Schläfer töten's Menschenkind nicht,
Schläfer sind ein Friedensorden:

Schläfer lassen Atem fließen.
Also still, ihr Wortverdreher!
Die da Atmende erschießen,
Sind gemeinhin Frühaufsteher.

Personenkontrolle 2016

Nach den vorwiegend von jungen Nordafrikanern
verübten sexuellen Verbrechen der Silvesternacht
2015/2016 üben vorwiegend ältere deutsche Journalisten
sich in Klischees über »den arabischen Mann«.

Der ~~arabische~~ deutsche Mann

Der deutsche ist ein guter Mann:
Er hält die Frau in Ehren.
Er zündet Flüchtlingsheime an
Und gründet Bürgerwehren.

Der Araber kennt Goethe nicht
Und Kraut und Schinkenhäger.
Der deutsche Mann liebt das Gedicht
So wie den Baseballschläger.

Die Araber sind alle gleich.
Sie sind nun mal arabisch.
Der deutsche Mann ist tugendreich
Und wahr und schön, kurz: arisch.

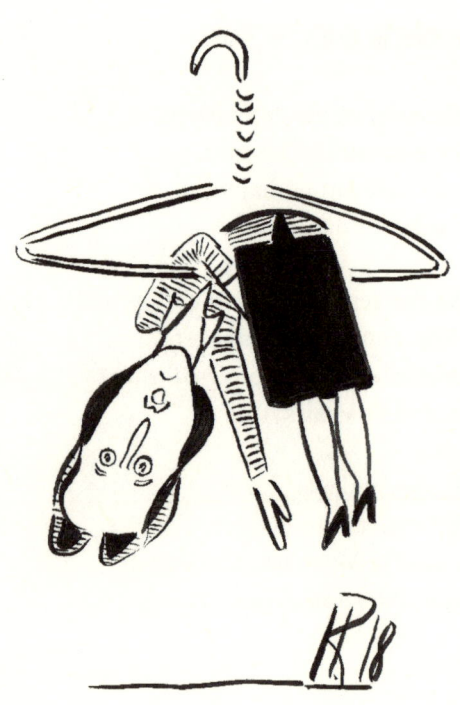

Am 28. 2. 2016 betritt ein als Clown verkleideter
junger Mann eine nichtöffentliche Sitzung der
AfD und bewirft die stellvertretende Vorsitzende
mit einer Torte.

Beatrix von Strolch

Dank dieser Dame ist nun klar:
Die Torte muss man preisen.
Sie eignet sich ganz wunderbar
Zum Backen und Verspeisen.

Zum Torten taugt sie eher schlecht.
Die Torte wird verschandelt.
Auch die Getortete wird recht
Unsachgemäß behandelt.

Was also jene Frau betrifft:
Sie machte Schreckgebärden
Und musste, relativ versifft,
Komplettgereinigt werden.

Ende Januar fordert die Vorsitzende der AfD,
Flüchtende notfalls mit Waffengewalt aus
Deutschland fernzuhalten.

Frauke Petry

Sie fordert, so ihr neuer Hit,
Auf Flüchtende zu schießen
Bei illegalem Übertritt.
Der Mob liegt ihr zu Füßen.

In Petrys Interesse muss
Ich Fraukes Gnad' erbitten.
Sie hat mit diesem Meisterschuss
Ja gleichfalls überschritten:

Die Grenze hin zur Barbarei.
Ach, wenn die Arme wüsste,
Dass nun die Grenzschutzpolizei
Auch sie beballern müsste!

Im März lässt Erdoğan den Istanbuler Journalisten
und Lyriker Barış Ince zu fast zwei Jahren Haft
verurteilen, weil die Anfangsbuchstaben eines von
Ince verfassten und ansonsten eher harmlos klingen-
den Akrostichons die Worte »Dieb Tayyip« ergeben.
Ob Ince diese vollkommen unpassende Botschaft viel-
leicht besser so hätte verbergen sollen:?

Erdoğan: Ein Supertüp

E rdoğan liebt Schafe ohne Wolle,
I st ein Syphilist von Gottes Gnaden.
N icht gesunder seine kranke Olle:
S ie hat obenrum voll Motorschaden.
U nter allen Mörderern von Welt
P rangt der Star der Patriidioten:
E r wohnt nackig in 'nem Stinkezelt,
R ilke oder Shampoo sind verboten.
T riffst du ihn, dann spalte ihm die Rüb!
Ü be vorher, dass dein Lob auch treffe:
P iff, paff, puff, helau! Ein Supertüp!

2012 erhielt die Europäische Union den Friedens-
nobelpreis, zu Beginn des Jahres 2016 erhöht sich
die Zahl der Flüchtenden, die sie seit dem Jahr
2000 vor ihren Grenzen verrecken lässt, auf weit
über 15.000.

Die Europäische Union

Den Preis Nobels hat sie gekriegt
Für ihre Art von Frieden:
Ganz ohne Krieg hat sie besiegt
Den aufmüpfigen Süden.

Denn einig ist sie zugetan
Den Freiheitsinteressen.
Ein Schläger wie der Erdoğan
Kann sie doch nicht erpressen!

Und einig hilft sie Schreienden
Aus Meeren, eisig kalten.
O Haus der einig Seienden,
Gott möge dich erhalten.

Im Mai beleidigt ein Greis der AfD den deutschen
Fußballnationalspieler Jérôme Boateng mit den
Worten: »Die Leute finden ihn als Fußballspieler
gut. Aber sie wollen einen Boateng nicht als Nach-
barn haben.«

Alexander Gauland

Rassisten-Opa Gauland sprach:
»Die Leute finden Boateng
Als Fußballer zwar gut, doch, ach,
Weswegen stinkt das hier so streng?«

Rassisten-Opa Gauland roch
An sich hinab und sah mit an,
Wie'n Köttel aus der Hose kroch
Aus Todesangst vorm Negermann.

Rassisten-Opa Gauland fiel
Sehr kompliziert in Ohnmacht und
Schon hatte er, ganz Mann von Stil,
Den eignen braunen Scheiß im Mund.

Rassisten-Opa Gauland wusch
Sich ab und fand den tiefen Sinn:
»Ach, was ich doch, hurra und Tusch,
Für ein bekackter Blödmann bin!«

Am 23. 6. stimmen knapp 52 Prozent der britischen Wähler für den EU-Austritt ihres Königreichs. Echt superschade.

Der Brite

Der Rasen mit Zähnen gestutzt,
Das Kricket so mysteriös,
Die Bentleys mit Goldstaub geputzt,
Der Regen so tuberkulös,

Der schneeweiße Dicke am Strand
Mit Haaren so rot wie der Mohn,
Der Hool mit so großem Verstand,
Die Küche so Variation,

Der Adel so parasitisch,
Die Queen so ein leuchtender Stern,
Der Brite so herrlich britisch:
Den Briten verliern wir nicht gern.

*Am 6.6. gibt der amtierende Bundespräsident Joachim
Gauck bekannt, dass er nicht für eine zweite Amtszeit
kandidieren wird. Seitdem fragt sich die Welt:*

Wer wird der neue Gauck?

Wer spricht zu Anlässen vor Ort,
Tagt an Besinnungstagen,
Ergreift bei Festakten das Wort
Und äußert sich zu Fragen?

Wer eckt an wie ein Kanapee:
Scharf wie ein Bettvorleger?
Wer fliegt auch mal nach Übersee,
Zum Chinamann und Neger?

Wer also wird die neue Kraft
Im Schloss Bellevue bei Polen?
Die Slomka? Der Tomatensaft?
Ikea? – Dieter Bohlen!

Klassenjustiz von unten: Bei der Fußball-EM in
Frankreich wundern sich viele Zuschauer über die
zahlreichen vermeintlichen Fehlentscheidungen
der Schiedsrichter.

Der Schiri

Er quält sich übers Fußballfeld,
Um bleich mitanzuschauen:
Die Spieler haben viel mehr Geld
Und viel mehr Spielerfrauen.

Die sind wie seine Kinder jung
Und reich wie alte Dealer.
Der Schiri denkt: »Bereicherung«
Und denkt: »Verehrte Spieler,

Heut werdet ihr mal eingeseift.
Heut sollt ihr mich verdammen!«
Moral: Ein großer Schiri pfeift
Den größten Scheiß zusammen.

Noch mal: der Fußballgott

Weil alles IST, was wir mit Worten nennen,
So gibt es ihn seit Anbeginn der Zeit.
In frommer Demut sollet ihr erkennen
Sein Werk in seiner Macht und Herrlichkeit:

Das Umschaltspiel! Der Pass in die Zentrale!
Die Schnittstelle! Gefühl *und* Emotion!
Die Grafikanalyse! Packing! Der mentale
Charakter einer Elf! Die coaching zone!

Die Lücke, welche nach Verschiebung klafft!
Die Doppelsechs! Zwei Gelbe ein Spiel Sperrung
Dank falscher Neun: Solch eine Welt erschafft
Kein Menschenhirn. Trotz Adduktorenzerrung.

So lässt nur eine Frage keine Ruh:
Warum lässt Fußballgott das alles zu?

Auch noch mal: der Brite

Sie waren niemals drin in ganzer Breite:
Europa blieb für sie ein schales Wort.
Sie fahren auf der falschen Straßenseite,
Ihr Lenkrad sitzt am grundverkehrten Ort,

Sie backen Baked Beans und werden Tonne
(Ein Brite ist wohl sieben Griechen schwer),
Sie wölben weiße Bäuche in die Sonne,
Und wo sie sind, sind keine Liegen mehr.

Nun sind sie fort und singen »See EU later!«,
Und von der Krone bricht ein Zacken ab.
Und Britenkinder hauen Britenväter
Und hüpfen von der Tower Bridge ins Grab.

Anfang Juli legt der »Irre vom Bosporus« (Martin Sonneborn) Berufung gegen die Entscheidung eines Hamburger Gerichts ein, das Erdoğangedicht Jan Böhmermanns teilweise zu verbieten: Er möchte es komplett verbieten lassen.

Ausgerechnet diesen Erdoğan

Soll man nicht beleidigen dürfen?
Hahaha! Dass ich nicht lache!
Ja was soll man den denn sonst
Außer unschädlich machen
Diesen Völkermörder
Diesen Völkermordleugner
Diesen Demonstrantenverprügler
Diesen Journalistenverfolger
Diesen Richterbedroher
Diesen Gesetzesbrecher
Diesen hässlichen Dummkopf
Entmachten und anklagen?
Verurteilen und einsperren?
Gern. Lieber heute als morgen.
Und bis dahin tun, was bleibt:
Verhöhnen und verspotten,
Auslachen und beleidigen
Nach allen Regeln der Kunst
Und Gemütslage.

Immer noch wütend übers Böhmermanngedicht lässt
Erdoğan in der Nacht vom 16. auf den 17. Juli Teile
der türkischen Armee kontrolliert gegen sich putschen.

Recep Tayyip Erdoğan

Es hat einmal ein böser Putsch
Den liebsten Mann beleidigt.
Da rief er: »Jetzt wird rirarutsch
Demokratie verteidigt!

Jetzt wird gelyncht und ausgemerzt,
Verhaftet und gesäubert.
So wie es keinen Räuber schmerzt,
Wenn er nach Kräften räubert,
So liebt der Metzger freie Bahn.«
Wie liebten ihn die Kälber! –

Ein andrer fing das Putschen an,
Zu Ende bringt er's selber.

Bei den Olympischen Spielen in Brasilien erstaunt
manche, dass ein hauptberuflicher FDPler und
mit etlichen Millionen gedopter Siemensberater in
seinem Drittjob als Präsident des Internationalen
Olympischen Komitees nichts gegen Doping tut.

Thomas Bach

Quietschvergnügt sind Pessimisten,
Und was grade ist, ist krumm,
Und der Dieb jagt Polizisten,
Und die Uhr läuft links herum.

Hunde wiehern, Katzen bellen,
Und wer hungert, der ist satt,
Und das Walross jagt Gazellen,
Und das Matterhorn ist platt.

Groß sind alle kleinen Kinder,
Und was lose ist, das hält,
Und Herr Bach jagt Dopingsünder
Russlands und der ganzen Welt.

Während des amerikanischen Präsidentschafts-
wahlkampfs setzt die Welt alle Hoffnung auf die
gegen Donald Trump antretende Kandidatin der
Demokraten.

Hillary Clinton

Sie ist die Frau, die jeden kennt,
Der Geld & Gier & Macht hat.
Sie ist die Frau Establishment,
Die gründlich nachgedacht hat.

Sie will, dass Welt so weitergeht:
Mit Volldampf in die Binsen.
Ihr Blick: wie kunstvoll überdreht!
Wie rund ihr falsches Grinsen!

So hat Amerika die Wahl:
Trumps Hobby ist Rassismus,
Sie steht auf Krieg und Kapital.
O Glück, o Optimismus.

Ein westfälischer Schmierenreporter, der Krimina-
lität schon bei der Gladbecker Geiselnahme im
Jahr 1988 begünstigte, bleibt sich vorbildlich treu.

Frank Plasberg

Die Großen wissen Gott sei Dank,
Dass Haltung zu nix gut ist.
So findet auch der größte Frank,
Dass sie ein alter Hut ist:

Bei ihm kommt jeder gleich zu Wort,
Ob Esel oder Hetzer.
Er dirigiert wie geistumflort
Das Schwatzen seiner Schwätzer.

Droht ein Gedanke, brüllt er los.
Der ist's, wovor dem Plasberg graut.
Wie heißt noch dieser Unsinn bloß?
~~Hart aber fair~~? Doof aber laut.

*Im September begegnet ein CSU-Generalsekretär
dem Schlimmsten: »Das Schlimmste ist ein fuß-
ballspielender ministrierender Senegalese. Der ist
drei Jahre in Deutschland – als Wirtschaftsflücht-
ling – den kriegen wir nie wieder los.«*

Andreas Scheuer

Seht ihn an, den heißen Feger:
Fürchtet sich vorm schwarzen Neger,
Welcher kickt und ministriert,
Kurz: sich einfach integriert.

Ach, der ist auf Gottes Erden
Praktisch nicht mehr loszuwerden!
Und das will Andreas nicht.
Die Moral von der Geschicht:

Generalsekretär Scheuer
Reimt sich nicht auf Ungeheuer,
Nicht auf Esel, Depp und Kuh,
Sondern nur auf CSU.

Eine letzte Aussicht auf die amerikanischen
Präsidentschaftswahlen

Amerika

Es ist das tollste Land der Welt,
Der Knaller unter Knallern:
Es hat die Bombe, es hat Geld,
Und alle dürfen ballern.

Regieren wollen es, helau!,
Zwei echte Hammergreise:
Er Filosof, sie Friedensfrau,
Sie laut, er eher leise,

Er Hirn vom Allergrößten und
Sie Herz vom Allerreinsten,
Sie harte Nuss, er dummer Hund:
Zwei Gruselclowns vom Feinsten.

Seit seiner Wahl zum amerikanischen Präsidenten
am 8.11. ist Donald Trump minütlich in den Nach-
richten; seine ihn so wunderbar flankierenden Frauen
werden dagegen vernachlässigt. Eine Korrektur:

Melania und Ivanka Trump

Wann immer Donald Reden hält,
Sind neben ihm zu schauen
Die schönsten Frauen von der Welt –
Die *wirklich* schönsten Frauen!

Die Glieder sind aus Blech geschnitzt,
Mit morschem Holz vergoren,
Auf hunderttausend Grad erhitzt,
Gedehnt und schockgefroren.

Der Rumpf ist Teflon / Elastan,
Das macht ihn schön gallertig.
Am Schluss zwei Totenköpfe dran,
Glasaugen rein – zack, fertig.

Arbeitgeber, Arbeitnehmer

Der Arbeitgeber nimmt, nicht dumm,
Dem Arbeitnehmer gar nicht krumm,
Dass der sich gibt, als nähm' er was,
Und er, der Geber, gäbe das.

Der Nehmer aber gibt die Kraft,
Die Arbeit heißt und Werte schafft.
Der Arbeitgeber nimmt sie sich,
Weil er ist schließlich Geber, nich'.

Er nimmt von dem Verkauf das Geld.
So kommt der Nehmer auf die Welt,
Der Löhne gibt und so bescheißt
Die Geber, die er Nehmer heißt.

Am 14.11. jubelt Angela Merkel der SPD Frank-
Walter Steinmeier als Bundespräsidentskandidat
unter und macht so den Weg frei für die Kanzler-
kandidatur des Sigmar Gabriel.

Frank-Walter Steinmeier

Steinmeier Bundespräsident?
Der beste Mann auf Erden!
Auch Philipp Lahm ist frei und könnt'
Das zwar genauso werden,

Doch muss man's taktische Talent
Der Merkel lauthals loben:
Der letzte Kanzlerkonkurrent
Ins Schloss Bellevue verschoben.

Und auch die SPD erkennt:
'ne Siegchance ist geblieben:
Mit Sigmar holt sie sechs Prozent,
Mit Gabriel gar sieben.

Angela Merkel

Wenn dereinst die Sonne heißer
Wird und größer und uns killt,
Weil sie als ein heißer weißer
Riese die Planeten grillt;

Wenn Milliarden Jahre später
Sich das All zum Sterben legt,
Weil es Raum und Zeit und Äther
Aus dem Universum fegt,

Dann wird SIE es hintertreiben:
SIE hat anderes im Sinn!
Und sie WIRD für immer bleiben:
Deutsche Bundeskanzlerin.

Personenkontrolle 2017

So wie Katholiken und Protestanten das Kriegsbeil
begruben, werden es auch die zerstrittenen Islamerer
einst hinbekommen. (Zu singen nach der Melodie von
»Summ summ summ, Bienchen summ herum«)

Sunniten und Schiiten

Sunn, sunn, sunn, Sunniten sunn herum.
Sunnen brummend um die Blüten,
Darum heißen sie Sunniten,
Sunn, sunn, sunn, Sunniten sunn herum.

Schi, Schi, Schi, Schiiten fahren Schi.
Fahren jauchzend froh und munter
Berge hoch und wieder runter,
Schi, Schi, Schi, Schiiten fahren Schi.

Ach, ach, ach, die beiden haben Krach.
Gönnen sich nicht Leib und Leben,
Sollten sich die Kante geben,
Ach, ach, ach, das hält die Bälle flach.

Obamas Bilanz

Er kam und sah und siegte doch
Nicht gegen Bush & Co:

Die Wall Street gibt es immer noch
Und Guantánamo.
Der Drohnenkrieg wurd' seiner und
Die Harten sind nicht weich.
Die Großen sind nicht kleiner und
Die Armen sind nicht reich.
Der Waffenlobby ist nicht bang
Vor Lügenspiel und Mord.

Allein Obamacare gelang.
So bleibt er doch im Wort.

Am 20.1. zeigen Luftaufnahmen von Trumps
Vereidigung vor dem Capitol, dass ihm etwa halb
so viele Menschen zuschauten wie seinem Vorgän-
ger Obama; laut seinem Sprecher ein erstes
Exempel jener irreführenden Fakten, mit denen
die Wahrheit uns zu täuschen versucht.

Sean Spicer

Alle falschen Fakten lügen,
Wahr ist nur, was richtig passt:
Afrika gehört zu Rügen,
Und ein Baum hat keinen Ast.

Doof ist niemals der Debile
Und das neue Rechnen toll:
Wenige ist mehr als viele
Und halbleer das neue voll.

Und es freut die Hammelherden,
Wenn der Köter übernimmt.
Gut, dass Lügner Sprecher werden:
Dass wir wissen, was nicht stimmt.

Mitte Januar flieht eine als Kleinkind aus dem befreiten
Westpreußen geflohene langjährige Präsidentin des
Bundes der Vertriebenen wegen der deutschen
Flüchtlingspolitik aus ihrer politischen Heimat.

Erika Steinbach

Entschlossen trat die alte cou-
Ragierte Rechte Erika
Hinaus aus Merkels CDU,
Denn heute gibt's Generika:

Die AfD ist billiger.
Noch tritt die Erika nicht rein,
Doch ist sie bald wohl williger.
So heiße einst das Verselein,
Das auf ihr Grab geschriebene,
An uns, die Hinterbliebenen:

Es hatte die Vertriebene
Was gegen die Vertriebenen.

Ende Januar nominiert die SPD Martin Schulz
als Kanzlerkandidaten für die Bundestagswahl im
Oktober, und mancher leuchtend helle Kopf
bemängelt, dass der ausgebildete Buchhändler
keine allgemeine Hochschulreife vorzuweisen hat.

Martin Schulz

Ach SPD, was liest man nur
Von deinem Kandidaten:
Der hat ja gar nicht Abitur!
Was soll man da erwarten?

Um Merkel weht (zu allermeist,
Gelegentlich, sehr selten,
Ja praktisch nie) der große Geist!
Aus prallsten Bildungswelten!

Der Lehrer (!) Höcke (NPD):
Ein Haupt voll ~~Schaben~~ Gaben
Und weise wie ein dicker Zeh –
So Köpfe wolln wir haben!

Nach der Veröffentlichung des jährlichen Kinderarmuts-
berichts wird wieder einmal gefordert, das Kindergeld
um zwei Cent pro Jahrhundert zu erhöhen.

Reiche Kinder, arme Kinder

Die reichen Kinder hat man gern,
Weil sie so fröhlich lachen.
Die armen Kinder sehen fern
Und sagen falsche Sachen.

Die reichen Kinder sind so nett,
Sie freuen und beglücken.
Die armen Kinder essen fett
Und gründen böse Cliquen.

Den Bildungskampf verlieren sie,
Da steckt die Faulheit hinter.
An kalten Tagen frieren sie.
Hier liegt die Schuld beim Winter.

Weil er für seine Panzernachrüstungsverhandlungen mit Deutschland Geiseln benötigt, wirft der türkische Despot Erdoğan Ende Februar den deutschtürkischen Autor und Journalisten Deniz Yücel ins überfüllte Gefängnis Silivri nahe Istanbul. Die Vorwürfe lauten auf Spionage, Terrorismus und Eierkuchen.

Deniz Yücel

Er schluckte nicht den faulen Brei
Der Wahrheitshochverräter.
Er spie ihn aus und nahm Partei
Für Opfer statt für Täter
Und wollte nicht, das Knie im Dreck,
Das Lied des Schinders singen.

Die Zeit fegt Erdoğan hinweg;
Ihn wird sie wiederbringen.

Traumtor Erdoğan
Für Deniz Yücel

Jüngst träumte mir, der Erdoğan
Spielt Fußball gegen Oli Kahn.
Der Oli wie gehabt im Tor,
Die Leute brüllen »Tayyip vor!«,

Denn die nicht brüllen, sitzen in
Exilen oder Knästen drin.
Und Tayyip läuft auf Oli zu
Und kräht »Gib auf, du blöde Kuh!«,

Doch Oli fliegt – und fängt den Ball!
Für Erdoğan ein klarer Fall.
Er jubelt, trubelt und genießt:
»Jetzt hat ein Tor ein Tor geschießt!«

Zum 31.3., dem ersten Jahrestag des schönen Erdoğan-Schmähgedichts des Satirikers Jan Böhmermann

An die Arbeit, Witzemacher!

Der lustige Jan Böhmermann
Mag dumme Macht nicht leiden,
Und mächtig dumm ist Erdoğan.
So trafen sich die beiden.

Jan schenkte ihm ein Lachgedicht
Mit Tier und Untenrummes.
Den reichen Geist verletzt das nicht,
Doch dumme Macht macht Dummes:

Der Erdoğan verklagte ihn,
»Hoch soll der Dichter hängen!«
Und schrie's und überragte ihn
An Blödigkeit um Längen.

Inzwischen ist er ein Tyrann.
Sein Land hat nichts zu lachen.
So tu ein jeder, was er kann,
Ihn lächerlich zu machen.

Wenn nach dem Winter dann der Frühling
kommt, geht die Kälte, verabschiedet sich die Ruhe
und schwindet die Vernunft dahin.

Die Motorradfahrer

Und wieder fliegen sie herum
Wie allergene Pollen
Und machen ratatatbrummbrumm.
Das ist es, was sie wollen.

Sie wollen nicht ins Blaue, nein,
Sie rotten sich zu Schwärmen,
Um in der Gruppe laut zu sein.
Ihr Ziel heißt: lärmen, lärmen.

Dazu gibt's Winterkleidung und
So Marsianermützen.
Das Ganze wirkt höchst ungesund.
Gott mög' uns alle schützen!

Und wenn sie mal nicht rattern,
dann schnaufen sie und stöckeln sie.

Die Jogger

Es war einmal vor langer Zeit,
Da durft' der Mensch spazieren.
Heut möchte seine Wenigkeit
Auch outdoor gern rotieren.

So saust er rot im Grün herum
Und keucht wie kranke Raben.
Mal hält er durch, mal fällt er um
Und wird vor Ort begraben.

Die überleben, werden alt
Und bleiben weltbewegend:
Sie bohren Stöcke in den Wald
Und klackern durch die Gegend.

»… wurde der stellvertretende Filialleiter gefilmt,
wie er eine an der Kasse befindliche Musterpfand-
flasche über den Scanner zog und sich das Leergut-
pfand in die eigene Tasche steckte. Der Arbeitgeber
kündigte ihm daraufhin fristlos wegen Unterschla-
gung. Das Landesarbeitsgericht Düsseldorf hielt
die fristlose Kündigung für wirksam.«

Der Räuber

Dem Räuber droht Gewissensqual:
Er weiß, er tut nichts Rechtes.
Doch guckt man nicht so auf Moral,
Ist Klauen gar nichts Schlechtes.

Ein Schloss, paar Jachten vor Hawaii,
Aus Gold die Hängematte:
Wer so was klaut, hat allerlei,
Das er zuvor nicht hatte,
Und kann auf die Gendarmerie
Und auf Gesetze bauen.

Er weiß: Verhaftet werden die,
Die Schokoriegel klauen.

Jedes Jahr zwischen Mai und Juni kriegen die
feineren Kinder Initiation.

Die Abiturienten

Sie kennen keine Arbeit nicht
Und stechen keine Uhr.
Sie wohnen in der Mittelschicht
Und machen Abitur.

Dann werfen sich den Koffer um
Die schlechteren von ihnen
Und lungern in den Outbacks rum
Und futtern Apfelsinen.

Die guten büffeln BWL
Und enden doch als Letzte:
Sie altern und verkommen schnell
Und werden Vorgesetzte.

Obwohl die Gefängnisse immer größer werden, in
die der türkische Diktator seine Gegner wirft,
möchten immer weniger Menschen dort ihren
Sommerurlaub verbringen.

Die Türkei

Deinen Irren hört man fluchen,
Und das Hören macht so satt.
Keiner mag dich mehr besuchen,
Der im Schränkchen Tassen hat.

Ach, du Land am blauen Wasser,
Öffne deinen Zauberhut
Und verhex den Türkenhasser!
Dann wird alles wieder gut.

All die Geister und Gespenster,
All die Ferkel samt dem Schwein:
Sind sie wieder weg vom Fenster,
Schau'n wir gerne wieder rein.

Ende August fantasiert A. Gauland von den
Arschgeigen für Demagogie (AfD), die Integra-
tionsbeauftragte der Bundesregierung Aydan
Özuğuz »in Anatolien zu entsorgen«.

Der Blödmann

Für die Jetztzeit haben Kenner
Etwas Schönes ausgemacht:
Dumme dicke weiße Männer
Schlagen ihre letzte Schlacht.

Nun ist Gauland gar kein Dicker
Und statt weiß auch vielmehr braun.
Dumme dünne braune Flaschen*,
Die entsorgt man übern Zaun,

Denn Entsorgen mag sie *gerne*,
Diese olle Haselnuss,
Weil es schließlich auch hölz*erne*
Eierköpfe geben muss.

(*lies also nicht: Ficker)

Nach der Bundestagswahl Ende September zieht
die AfD in den Bundestag. Ihr Vorsitzender zetert
weiter herum und fällt aber vor allem dadurch
auf, dass er nichts zum Anziehen hat.

Alexander Gauland

Nun fläzt er da im Bundestag
Mit Schlips und brauner Jacke.
Es gibt nur eine, die er mag.
Man tippt zuerst auf Macke:

Er hat sie immer immer an!
Als gäb' es keine zweite!
Stets hängt dieselbe an ihm dran.
Sie riecht, berichten Leute.

Er trägt sie im und außer Haus,
Sie wimmelt vor Erregern.
Doch ihre Farbe bannt den Graus:
Sie schützt vor braunen Negern.

In den Koalitionsverhandlungen Ende Oktober
scheint plötzlich möglich, dass der ehemalige
Werbeagent und smarteste FDP-Chef der Welt
was mit Minister wird.

Christian »Dior« Lindner

Ein Model in der Politik:
Wie liberal ist das denn?!
Ich selber weiß: Schönheit ist Glück.
Man braucht nichts auf dem Kasten.

Man muss nur sagen: FDP
Und gucken wie Depps Johnny,
Schon seufzen alle: Hey, okay,
Nimm meine Stimme, Honey!

Verlacht wurd' er aufs Wüsteste.
Doch schön sind Eitelkeiten!
Hoch lebe, ach, der süßeste
Minister aller Zeiten.

Hoch leben die Motorradfahrer des Herbstes.

Die Laubbläser

Still im Novembermorgen
Tief schlafen Mann und Frau.
Fern alle Last und Sorgen.
Der Nebel trinkt den Tau.

Doch dann: ein Lärm! Ein Rasen!
Die Ohren tot und taub!
Der Teufel, hui!, lässt blasen!
Im Veitstanz hüpft das Laub! –

Dann schwebt es still zu Boden.
Der Teufel packt. Und geht.
O höllische Methoden!
Was hilft? Nur das Gebet.

Der Nikolaus

Hurra, gleich kommt der Nikolaus –
O märchenbunte Aura!
Wie glücklich sehn die Kinder aus!
Sie heißen Tim und Laura.

Jetzt klingelt es! Hurra, wie toll!
Wir haben ihm geschrieben,
Wie er die beiden loben soll:
Wir kennen unsre Lieben.

Er spricht. Und schmeißt sie durcheinand,
Die Namen, Zahlen, Daten.
Das Briefing scheint ihm unbekannt.
Er spricht von bösen Taten.

O Nikolaus, o süßer Brauch.
O Todesangst der Kleinen.
Das Glück ist weg, die Kohle auch.
Die Frau fängt an zu weinen.

*Obwohl nach der Wahl nur noch geschäftsführend im
Amt, stimmt der Landwirtschaftsminister in der EU-
Kommission Ende November gegen alle regierungs-
internen Absprachen für eine weitere Verwendung des
Umweltgiftes Glyphosat der Firma Monsanto und
verplappert sich: »Ich habe die Entscheidung für mich
getroffen.« Das immerhin darf man glauben.*

Christian Schmidt (CSU)

Vorhang auf, hurra, hier ist er,
Unser Top-Monsanto-Mann.
Offiziell Agrarminister,
Aber weil er das nicht kann,

Haben die ihn neu erfunden
Und mit Glyphosat gekreuzt.
Halt dich fern vom Ungesunden!
Gehe stiften, wenn er schneuzt!

Glyphosat im Oberstübchen
Schädigt schon auch die Moral,
Aber sieh das Grinsebübchen:
Gut gekreuzt macht piepegal.

In Österreich bilden Ende des Jahres die rechte
ÖVP und die rechtsextreme FPÖ ein Regierungs-
bündnis, der ÖVP-Chef wird der europaweit
jüngste Kanzler der Weltgeschichte.

Sebastian Kurz

Ein Zauber machte ihn, hex hex,
Zum König. Fast noch toller:
Im nächsten Jahr wird er schon sechs!
Er wünscht sich einen Roller,
Pupsknete und ein Schmusetuch.
Die Party soll bei Hof sein.

Auf seinen Freunden liegt ein Fluch:
Die müssen superdoof sein
Und FPÖ und bäh und Mist
Und Blödmänner und Esel.
Die Mädchen sagen, Basti ist
Halt selber voll der Schnösel.

Personenkontrolle 2018

Im Januar wird auf dem Twitter-Account eines
Dresdner AfD-Bundestagsabgeordneten ein
Dunkelhäutiger rassistisch beschimpft. Später sagt
der Rassist, der Tweet stamme nicht von ihm, sondern
von einem Mitarbeiter.

Jens Maier (AFD)

»Halbneger« nannte sein Account
Den Sohn von Boris Becker.
Halb scheint von Kot leicht angebraunt
Sein Oberstübchen – lecker!

Halb redet er wie Flatulenz,
Halb wie der Arsch von Dresden:
Halbhalb erinnert Maiers Jens
An Hitler, den Verwesten.

Halb schaut er wie ein Esel drein:
Ganz wie ein Halbgescheiter.
Das schrieb nicht ich, haha, neinnein,
Das schrieb ein Mitarbeiter.

Dank äußerst zäher Koalitionsverhandlungen ist
Deutschland zu Anfang des Jahres seit rund fünf
Monaten ohne:

Die Regierung

Seit September gibt es keine,
Und die Zeit geht trotzdem um,
Und der Hund besteht auf Leine,
Und wer Steuern zahlt, ist dumm.

Die Profite explodieren,
Nur der Knall kommt unten an.
Wie auch soll der Herr verlieren,
Wenn der Knecht nicht siegen kann.

Und so kümmert's nicht die Bohne,
Nicht solang die Knechte knien.
Gute Herrschaft läuft auch ohne
Ihre Diener in Berlin.

Der Nationalstolze

Mag deine Kraft auch ohne Mumm,
Dein Mut jedoch ein Wurm sein,
Und mag auch deine Seele krumm,
Doch schief wie Pisas Turm sein;

Mag deine Tiefe auch sehr flach,
Dein Herz jedoch aus Stein sein,
Und mag auch deine Größe, ach,
Nicht riesengroß, doch klein sein;

Und mag dein Bauch aus Elefant,
Dein Kopf jedoch aus Holz sein:
Der Zufall warf dich in ein Land,
Doch darauf kannst du stolz sein.

Ende Januar entschließt sich die Berliner Alice Salomon Hoch-
schule, ein Gedicht des als Wegbereiter der Konkreten Poesie
geltenden Lyrikers Eugen Gomringer zu entfernen und durch ein
anderes Gedicht zu ersetzen: Es sei, so die höchst umstrittene
Begründung, sexistisch, indem es die Frau auf Natur reduziere.

Eugen Gomringer

»Alleen
Alleen und Blumen

Blumen
Blumen und Frauen

Alleen
Alleen und Frauen

Alleen und Blumen und Frauen und
ein Bewunderer«

So geht es ja tatsächlich nicht. Mein Vorschlag:

Alleen
Alleen und zu zweit, wa

Zu zweit
Zu zweit und mitn paar Frolleinchen

Alleen
Alleen und mitn paar Frolleinchen

Alleen und zu zweit und mitn paar Frolleinchen und
icke so als Kieker

*Und gleichfalls Ende Januar enthüllt die New
York Times, dass eine Clique aus VW-, BMW-
und Daimlerlobbyisten zehn Affen über Stunden
Dieselabgasen aussetzte, um deren Unschädlichkeit
zu beweisen.*

Affen, Menschen und Schweine

Die Abgasversuche an Affen:
Ein Unding und echt dicker Hund.
Denn Abgase ähneln den Waffen:
Sie machen mehr krank als gesund.

Das Tier ist zum Atmen gezwungen.
Man möchte schier platzen vor Wut!
Denn Abgase schaden den Lungen
Und tun auch den Bronchien nicht gut.

Doch sind wir tangiert von dem Falle?
Wir Nichtatmer? Wär ja gelacht!
Dann hätten die Schweine uns alle
Ja längst schon zum Affen gemacht.

Kurz darauf genehmigt die Bundesregierung die
Modernisierung jener vom Rüstungskonzern
Rheinmetall gelieferten »Leopard«-Panzer, mit
denen Erdoğan u. a. kurdische Zivilisten massa-
krieren lässt.

Rheinmetall

Händler stopfen Mörderhaufen,
Beide werden dick und satt.
Völkermord lässt sich verkaufen,
Wenn man eine Merkel hat.

Deutsche Panzer töten Kurden.
Deutschland ist ein Schweinestall.
Die da hingemetzelt wurden,
Danken deutschem Rheinmetall.

Drehen wir die Panzer um!
Wenn sie fette Vorstandsschweine
Krachend dünner machen, bumm,
Wein' ich wieviel Tränen? Keine.

Zu Anfang des Jahrhunderts war der Wolf in
Deutschland ausgerottet, im Februar des Jahres
2017 leben laut offiziellen Zählungen wieder etwa
60 Wolfsrudel und 14 Wolfspaare in Deutschland.
Tierschützer begrüßen, Bauern schimpfen, der
Dichter rät zu Gelassenheit.

Der Wolf

Du stehst im Wald auf einem Bein
Und noch auf einem zweiten,
Da kommt der Wolf und beißt hinein
Und möchte dich begleiten.

Zwar läufst du weg, doch läuft er mit.
Es gibt zwei Interessen:
Du fühlst dich ohne Bein nicht fit,
Er würd' gern weiteressen.

Du fragst dich neu: Was bin ich mir?
Was heißt mir: Sein? Was Leben?
So nimmt der Wolf etwas von dir,
Um dir etwas zu geben.

Der Leistungsträger

Der Leistungsträger ist ein Mann,
Der macht dein Leben schöner,
Weil er so schöne Worte kann.
Dich nennt er »Niedriglöhner«.

Er ist, weil er den Lohn bestimmt
Und sich, was dir gehörte,
In Eigenleistung selber nimmt,
Der »Höherdekorierte«.

Und wer so lustig Nerven sägt
Als Schaum- und Buckelschläger
Und schwer an deiner Leistung trägt,
Der ist ein »Leistungsträger«.

Zu seinem achtzigsten Geburtstag am 4. März ein
Hohelied auf den berühmten Humoristen, Zeichner,
Dichter, Prosaisten, Satiriker und Mitbegründer der
Frankfurter Satirezeitschrift Titanic

Dem großen F. W. Bernstein!
Ein Lob-Und-Hochleb-Schnell-Theater*

Vorhang zu. Aus dunklem Schimmer
Rufen drei: »Das Bernsteinzimmer!«
Vorhang auf: Jetzt kann man's sehen!
Goethe, Brecht und Rilke drehen
Sich im Kreis, hell tönt ihr Trio:
»F. W. Bernstein, sole mio,
Schabadi und schabadu!«
Akt zu Ende, Vorhang zu.

Vorhang auf: Wir sind im zweiten
Akt und sehen Bernstein reiten,
Hoch zu Ross: »Ihr, Jungs, seid Zeuge,
Dass ich mich zuschiefst verbeuge.
Hoch der Schiefsinn! Bitte sehr!«
Vorhang zu. Man sieht nix mehr.

Vorhang auf: und wieder zu.
Pause. Stimme Winnetou:
»Bitte bleibt so, Ross und Reiter!«

Vorhang auf, schon geht es weiter:
Robert Gernhardt küsst – »Ach, du!« –
F. W. Bernstein. Vorhang zu.

Vorhang auf! Der geht nicht auf.
Richard Wagner steht halt drauf.
Richie schmachtet aus dem Off:
»F. W. Bernstein: Spitzenstoff!
Luja sag i! La-le-lu!«
Vorhang zu – Quatsch, ist schon zu.

Vorhang auf: Die ganze Welt
Wellt im Spiegel sich – es schellt.
Wer sind Sie? Ein Schrank?! »Jawoll!
Ganz mit nassen Hemden voll.«
Klingeling! Ja wer denn bitte?!
»Ich bin's, Utschl, Deutschlands Mitte.«

Licht erlöscht. Man ruft: »Mehr Licht!«,
Aber lichter wird es nicht.
»Elchkritik«, erklärt Karl Kraus,
»Die muss sein!« *(Kraus ab, Licht aus.)*

Vorhang zu. F. K. fällt ein:
»Guckt denn wieder mal kein Schwein?
Augen auf beim Bernsteinkauf!«
Danke, Waechter. Vorhang auf!

Da steht Henscheid! Hoch zu Schwan!
Ruft: »Der Mensch ist ein Roman!
Folgerichtig ist's Genie
Bernstein eine Trilogie!«

Chorgesang füllt nun die Ohren:
»Jubelt! Bernstein wurd' geboren!
Wie? Schon länger her? Na schnurz!
Bravo! Glückwunsch zum Geburz-
Also, Glückwunsch zum Gebu –«
Ton aus. Licht aus. Vorhang zu!

Vorhang auf: Es kommt zum Ende:
Menschen, Tiere, Gegenstände,
Worte klatschen in die Hände:
»F. W. Bernstein! Unser Dichter!
Unser Zeichner!« Tausend Lichter
Gehen an und wieder aus.
Vorhang zu. Nun tobt das Haus:
»Bernstein, unser Großkalif!«
Vorhang fällt, zwölf Meter tief.
Weltmacht Wachtel fliegt herein:
»Hände hoch!«
So soll es sein!

*gemeinsam verfasst mit dem Berliner Dichter
Martin Betz*

Im März findet der designierte Gesundheitsminis-
ter, dass Hartz IV nicht Armut bedeute, sondern
die Antwort der Gesellschaft auf Armut sei:
»Damit hat jeder, was er zum Leben braucht.«

Jens Spahn

So also sieht Gewissen aus.
Die Christenglocke läutet!
Jens sieht so abgerissen aus,
Der weiß, was arm bedeutet.

Das fette Konto: nicht sein Bier.
Jens schläft auf harten Stühlen.
Er lebt seit Jahren von Hartz IV
Und weiß, wie Mütter fühlen.

Jens musste immer, immer Spahn:
Nur Stroh und Möhren frisst er.
So bricht in Jens sich Neues Bahn:
Ein Esel wird Minister.

Am 7. April fährt im westfälischen Münster ein
Kleinbus in eine Menschenmenge, es gibt Tote und
Verletzte. Auf Twitter zitiert eine AfD-Politikerin
ironisch Angela Merkel, dann wird bekannt, dass
der Täter ein Deutscher ist.

Beatrix von Strolch

Wer hörte offenbar mit Spaß
Von Münster und den Toten?
Wer witzelte »Wir schaffen das!«
Zu Händen der Idioten?

Wer schiss gleich nach dem Suizid,
Als ob sie Durchfall hätte,
Solch stinkebraunen Lügentweet
In deine Toilette?

Wer hält von Wahrheit dreimal nix
Und säuft das Blut der Leichen?
Die Fleddermaus Frau Beatricks
Von Strolch und ihresgleichen.

Anfang April kündet der viermalige Trainer von Bayern
München, Jupp Heynckes, für den Sommer seinen diesmal
endgültigen Rücktritt an, und kurz wird Freiburgs Trainer
Christian Streich als Nachfolger gehandelt. Aber soll man's
glauben?

Bayerns Trainer 2008-2030

Ottmar Hitzfeld war gegangen.
Klinsmann hatte angefangen,
Aber kaum war er am Ort,
Lief er aus demselben fort.
Bayern München lag darnieder,
Heynckes sah und kehrte wieder.
Dieses war der erste Streich,
Doch der zweite folgt sogleich.

Ein van Gaal mit Namen Louis
(In der Hoffnung, dass a Ruh is)
Blieb zwei Sommer lang und ging,
Als der Segen schiefer hing.
Jonker kam. Ein Vierteljahr,
Dann war Heynckes wieder da.
Dieses war der zweite Streich,
Doch der dritte folgt sogleich.

Guardiola blieb drei Jahre,
Aber, ach, wie undankbare!
Ancelotti kam – und fand
Seinen Koffer in der Hand,
Dran ein Zettel: »Mach was Schönes,
Gute Fahrt, Dein Uli Hoeneß.«
Heynckes kam. Der dritte Streich.
Doch der vierte folgt sogleich.
Streich persönlich macht es! Hieß es.
Der Genannte unterließ es,
Denn es gilt für das Gerücht:
In der Regel stimmt es nicht.

Und so wird in diesem Sommer
Irgendein Nach-Heynckeskommer
Kommen, bleiben, wieder gehn.
Und wir werden Heynckes sehn.
Denn ein gutes Herz ist weich.

Und auf diesen vierten Streich
Folgen einst, in selber Pracht,
Streiche Nummer fünf bis acht:
Jemand kommt und geht und, schwupp,
Heißt der Trainer wieder: Jupp.

Am 1. Mai feiern der bayerische Revolutionär und
ehemals textender Kopf der Biermösl Blosn und
seine nicht minder revolutionäre Frau ihren Fünf-
zigsten, seinen Fünfundsechzigsten und zusätzlich
beider fünfundzwanzigsten Hochzeitstag.

Sabeeka und Hansi Well
Ein Sonett zum Hundertvierzigsten

Wie hundertvierzig Meter hohe Wellen
Aus Freundlichkeit und Klugheit; wie entliehn
Der guten Welt, aus der die Teufel fliehn,
Und wie das Licht in Dürers Aquarellen;

Wie zwei Kometen, die auf feuerschnellen
Knallbunten Schuhen durch die Zeiten ziehn;
Wie Orchideen, die auf Steinen blühn;
Wie Perlen, die das tiefste Meer erhellen –

Derlei Vergleiche gäb' es überreichlich.
Doch werd' ich mit Vergleichen nicht recht froh:
Vor eurem Glanz ist alles andre bleichlich.

Seht meine Knie: Sie sind vor Liebe weichlich.
Drum rufe ich ganz bildlos: Weiter so!
Hans und Sabeeka! So … so unvergleichlich!

Im Vollrausch befiehlt ein neuer bayerischer Minister-
präsident, dass in allen dortigen Behörden »als Aus-
druck der geschichtlichen und kulturellen Prägung
Bayerns gut sichtbar ein Kreuz anzubringen« ist.
Auch die Kirche ist entsetzt über diesen politischen
Missbrauch eines religiösen Symbols.

Markus Söder (CSU)

Beim Seehofer war's ein Gedicht:
Der reimte sich auf »doofer«.
Beim Söder aber geht das nicht.
Er heißt halt nicht Seehofer.

Im Gegenteil: Der Söder heißt
Ja leider Gottes Söder.
Auf Söder reimt sich, wie du weißt,
Nicht doofer. Nicht mal dümmer.

Sogar der Bischof hat gesagt,
Es sei ein Kreuz mit Söder.
Echt blöd. Hm. So seid ihr gefragt:
Wer weiß ein gutes Reimwort?!

Im April gewinnen zwei besonders Missratene aus
dem sogenannten Battle Rap für ihre vorbildlich
strunzdummen und menschenfeindlichen Texte
den Echo-Preis der deutschen Musikindustrie.

Kollegah und Farid Bang

Zwei Hochbegabte sehen wir.
Ihr Hirn ist grad am Laden.
Auch ihr Problem verstehen wir:
Wer zu viel denkt, nimmt Schaden.

Dann wird die Birne viel zu warm.
Und wenn sie erst mal voll ist,
Dann rutscht sie in den Oberarm,
Was auch nicht wirklich toll ist.

Dann schimpfen Muckis super cool
Und super gern auf Schwule.
Doch oft sind Schwulenhasser schwul,
Vor allem derart coole.

Als bei der Fußball-WM in Russland die deutsche
Mannschaft in der Vorrunde ausscheidet, weiß ein
Bundestagsabgeordneter aus Dresden auch gleich
den Grund.

Jens Maier (~~DFB~~ AFD)

An Özil hat's gelegen!,
So schrie der Mann vom Fach,
Der seiner Fitness wegen
Selbst super spielt (*lachlach*).

Er flankt mit seiner Plauze
Und rennt ronaldoschnell.
So einer darf die Schnauze
Halt voller nehmen, gell.

Den Özil würde schmerzen,
Wenn dies ein Kenner spricht.
Doch nimmt er sich's zu Herzen?
Bei diesem Penner nicht.

Anfang Juni sagt der AfD-Bundesvorsitzende,
»Hitler und die Nazis« seien »nur ein Vogelschiss
in über tausend Jahren erfolgreicher deutscher
Geschichte«.

Alexander der Kleine
Ein Gastgedicht von Alexander Gauland

Ich seh, wenn ich Geschichte seh,
Das Gute, Schöne, Wahre.
Die stolze Menschheit atmet schon
Zigtausend stolze Jahre!

Iwan der Schreckliche, Pol Pot,
A. Hitler, Nero, Stalin und
Der große Alexander und
Videla, Timur, Pinochet –

Ein Reigen bester Barbarei.
So wahr ich Gauland heiße:
Da bin ich kleiner Gauner nur
Ein Häuflein Vogelscheiße.

Auch der deutsche Innenminister Seehofer will nun
gern ausscheiden und droht mit dem Bruch der
Regierungskoalition für den Fall, dass Flüchtende
weiterhin teils wie Menschen behandelt werden.

Der Putschist

Leer liegt das Land. Die bunten Fahnen weinen.
So sinnlos itzt das Treiben allumher.
Entsetzen wiegt wie Blei in müden Beinen,
Und wer kein Haus hat, baut sich keines mehr.

Denn nach den, ach, zerbrochnen Fußballseelen
Bricht nun auch die Regierung ganz entzwei:
Nach diesem Aus wird umso mehr krakeelen
Ein Horst aus Bayern namens Adabei.

Der wird das Kabinett nun ganz vernichten,
Und in der Neuwahl kommt ein Hitler dran.
Und niemand wird danach noch komisch dichten
Im Land, das nicht mehr fußballspielen kann.

Rund einen Monat nach dem WM-Ausscheiden
ihrer Fußballnationalmannschaft entscheiden drei
Verantwortliche, dass sie ihre Gehälter nun umso
dringender weiterbeziehen müssen.

Löw, Bierhoff, Grindel

Der Gegner lief im Jammertal
Elf Hühner übern Haufen.
So ist's in Russland wieder mal
Für Deutschland doof gelaufen.

Drei Stunden wurde überlegt:
Ist irgendjemand schuldig?
Dann wurd' sich wieder abgeregt.
Man ist mit sich geduldig.

Denn wer zurücktritt, sitzt danach
Nicht länger auf dem Posten.
Und niemals möge große Schmach
Gleichgroße Scheine kosten!

Während Europa Flüchtende weiterhin im Mittel-
meer ertränkt, droht der deutsche Innenminister im
Rahmen eines sog. »Asylstreits« mit dem Bruch der
Koalition für den Fall, dass Deutschland erreichende
Überlebende nicht zügig herausgeworfen werden.

Horst Seehofer

Die aus dem Elend gehn ins Boot
Mit ihren tausend Wunden
Und schreien bis zum nassen Tod.
Ertrinken dauert Stunden.

Die Kinder sinken meist zuerst,
Denn Kinder sind die Schwächsten
Im Meer, in dem auch du jetzt wärst,
Wie sie, mit deinen Nächsten,
Wenn du aus ihrem Elend kämst.

Der Horst kommt nur aus seinem.
Doch wenn du ihm den Posten nähmst:
Es hülfe mehr als einem.

Noch mal: Jens Spahn

Kaum spricht er, wird uns blümerant.
Es ist ein bisschen schaurig.
Und auch der Grund ist wohlbekannt
Und auch ein bisschen traurig:

Jens hat nix Richtiges gelernt.
Und blieb, um's klar zu sagen,
Auch aller Wissenschaft entfernt:
An der Fern-Uni (!) Hagen.

So ist's ein Zeitdruck, der pressiert:
Der Mann will bald Regent sein!
Und wenn ein Spahn zum Merkel wird,
Dann sollten wir dement sein.

Im September zeigt der Präsident des Verfassungsschut-
zes, dass er Nazis und Rassisten mehr glaubt als ihren
Gegnern, und wird zum Staatssekretär in Seehofers
Innenministerium befördert. Zunächst einigt sich die
Regierung darauf, ihn mit einem Staatssekretärsposten
und ca. 30.000 € jährlichem Mehrgehalt zu bestrafen.

Hans-Georg Maaßen

»Drei Migranten haben einen
Mann aus Chemnitz umgebracht.
Böse haben, statt zu weinen,
Sich was Böses ausgedacht:

Ließen sich von Nazis schlagen,
Die still weinten im Gedenken,
Und gefälscht durch Chemnitz jagen,
Um vom Mordfall abzulenken«,

Haute froh der Topgewinner
Dieser Tage auf den Putz.
Guter Mann das! Krasser Spinner!
Hoch leb' der Verfassungsschutz!

Nach allerlei entsetztem Kopfschütteln korrigiert sich
die Regierung und ernennt den in flagranti ertappten
Verschwörungsgläubigen, bei Fortlauf der bisherigen
Bezüge von monatlich ca. 11.000 €, zum sog.
»Sonderbeauftragten« in Seehofers Innenministerium.

Maaßen & Seehofer

Das beste Stück des Sommers heißt
»Der Horst und sein Herr Maaßen«.
Es ist voll spannend, wie du weißt,
Und fesselt echt dermaßen.

Zumal in puncto Wut & Hass
Verstehen sich die beiden:
Sie können dies & können das
Und Flüchtende nicht leiden.

Jetzt holt der Horst ihn nach Berlin
Ins Amt: Horst und sein Neuer!
Sie könnten auch zusammenziehn,
Dann wär' es nicht so teuer.

Personenkontrolle 2019

Am 11.8. feiert ein legendärer Satiriker und Mitbegründer der
Neuen Frankfurter Schule, Autor und Regisseur unzähliger
komischer Radio- und Fernsehprogramme, Texter für Otto
Waalkes und Kämpfer für das Gute, Schöne und Menschen-
freundliche seinen hochverdienten achtzigsten Geburtstag.

Pit Knorr

Achtzig Jahre Lebensblüte,
Geistesschärfe, Herzensgüte –
Jubelnd kreischen wir im Chor:
Achtzig Jahre Peter Knorr!

Achtzig Jahre wahre Worte,
Gutes Bier & Haschischtorte –
Selig hüpfen wir empor:
Achtzig Jahre Peter Knorr!

Achtzig Jahre freies Lachen,
Liebe-, Lust- und Scheißemachen –
Achtzig Jahre Hochhumor:
Achtzig Jahre Peter Knorr!

Nimm, o Pit, du Schinderschinder,
Du Titanic-Mitbegründer,
Dies Gedicht als kleinsten Lohn!
Immer Deine: Redaktion

Hinweis

Die allermeisten der hier versammelten Gedichte wurden erstveröffentlicht in meiner »stern«-Kolumne »Personenkontrolle«. Einige sind unveröffentlicht.

In der F.A.Z. wurden erstgedruckt: *Ausgerechnet diesen Erdoğan; An die Arbeit, Witzemacher; Dem großen F. W. Bernstein zum Achtzigsten; Der Putschist.*

Im Schweizer Magazin wurden erstgedruckt: *Der Fußballgott; Obamas Bilanz; Reiche Kinder arme Kinder; Der Nikolaus.*

In der taz wurden erstgedruckt: *Der Menschenfeind; Die Mörder von Charlie Hebdo; Der ~~arabische~~ deutsche Mann; Rassisten-Opa Gauland; Der Brite.*

Das Gedicht über Roger Willemsen entstammt der Anthologie »Der leidenschaftliche Zeitgenosse. Zum Werk von Roger Willemsen«, herausgegeben von Insa Wilke, Fischer 2015.

Die *Frankfurter Menschen* wurden erstveröffentlicht im »Antiidiotikum«, herausgegeben von Jürgen Roth, Frankfurt 2016.

Auf Facebook erstveröffentlicht wurde *Supertüp Erdoğan* und die Neufassung von Eugen Gomringers *Avenidas.*

Register

© Verlag Antje Kunstmann 2019
Satz: Schuster & Junge, München
Cover: Hilke Raddatz
Druck und Bindung: Pustet, Regensburg
ISBN 978-3-95614-287-1